Inhaltsverzeichnis

KAPITEL 1: EINFÜHRUNG IN DIE WELT DER INSTAGRAM-FOTOGRAFIE

Einleitung:

Willkommen in der faszinierenden Welt der Instagram-Fotografie! In diesem Kapitel werden wir die Bedeutung hochwertiger Fotos auf Instagram erkunden und warum Qualität ein entscheidender Faktor ist, um Aufmerksamkeit zu erregen und Engagement bei deinem Publikum zu erzeugen.

1.1 DIE MACHT DER VISUELLEN KOMMUNIKATION:

Instagram ist ein visuelles Medium, das es dir ermöglicht, Geschichten und Emotionen durch Bilder zu erzählen. Fotos haben die einzigartige Fähigkeit, uns in ihren Bann zu ziehen und uns auf eine Reise mitzunehmen. Sie können uns inspirieren, zum Nachdenken anregen und uns mit anderen Menschen verbinden. Daher ist es von entscheidender Bedeutung, dass deine Fotos auf Instagram qualitativ hochwertig sind, um eine maximale Wirkung zu erzielen.

EMOTIONALE WIRKUNG:

Visuelle Inhalte haben eine enorme Kraft, Emotionen hervorzurufen und eine Verbindung herzustellen. Hochwertige Fotos, die mit Sorgfalt und Kreativität aufgenommen wurden, haben das Potenzial, starke Emotionen wie Freude, Begeisterung, Melancholie oder Verwunderung beim Betrachter hervorzurufen. Durch die bewusste Nutzung von Farben, Komposition und Ausdruck können Bilder eine tiefe emotionale Resonanz erzeugen und somit eine bleibende Erinnerung beim Publikum hinterlassen.

VERSTÄNDLICHKEIT VON BOTSCHAFTEN:

Visuelle Kommunikation ermöglicht eine schnelle und effektive Übermittlung von Botschaften. Hochwertige Fotos, die auf den Punkt gebracht sind und eine klare Aussage haben, können Informationen und Geschichten ohne lange Textpassagen vermitteln. Durch den gezielten Einsatz von Bildern kannst du komplexe Ideen, Konzepte oder Stimmungen verständlich und ansprechend präsentieren. Ein gut gewähltes Foto kann oft mehr sagen als tausend Worte.

SCHAFFUNG EINER STARKEN MARKENIDENTITÄT:

Hochwertige Fotos spielen eine entscheidende Rolle bei der Schaffung einer starken Markenidentität auf Instagram. Durch die bewusste Gestaltung deiner Bildinhalte kannst du eine visuelle Ästhetik entwickeln, die deine Marke repräsentiert und sie von anderen unterscheidet. Mit einheitlichen Stilmerkmalen wie Farbpaletten, Bildkompositionen und Bildbearbeitungstechniken kannst du deine Marke erkennbar machen und einen Wiedererkennungswert schaffen. Hochwertige Fotos sind ein wirksames Mittel, um deine Markenbotschaften zu vermitteln und das Vertrauen deiner Zielgruppe zu gewinnen.

INSPIRATION UND STORYTELLING:

Fotos haben die Kraft, Inspiration zu bieten und ganze Geschichten zu erzählen. Durch die bewusste Auswahl von Motiven, Perspektiven und Momenten kannst du diese

Geschichten einfangen um deine Follower auf eine visuelle Reise mitnehmen. Du kannst sie inspirieren, ihre Fantasie anregen und sie zum Nachdenken anregen. Hochwertige Fotos können auch eine Plattform sein, um positive Veränderungen anzustoßen, zum Nachdenken anzuregen oder auf wichtige soziale Themen aufmerksam zu machen.

Schlusswort:

Die visuelle Kommunikation auf Instagram ist von großer Bedeutung und kann eine starke Wirkung auf dein Puplikum haben. Hochwertige Fotos ermöglichen es, Emotionen zu wecken, Botschaften verständlich zu vermitteln, eine starke Markenidentität aufzubauen und Inspiration zu bieten. Nutze die Macht der visuellen Kommunikation, um deine Instagram-Präsenz zu stärken und eine tiefgreifende Verbindung zu deinen Follower aufzubauen.

1.2 WARUM QUALITÄT ZÄHLT:

Hochwertige Fotos fallen auf Instagram auf und ziehen die Aufmerksamkeit der Nutzer auf sich. Sie zeigen Professionalität, Hingabe und ein Auge für Details. Qualitativ minderwertige Fotos hingegen können schnell übersehen oder als weniger ansprechend wahrgenommen werden. Indem du qualitativ hochwertige Fotos hochlädst, steigerst du deine Chancen, mehr Likes, Kommentare und Follower zu erhalten.

GLAUBWÜRDIGKEIT UND PROFESSIONALITÄT:

Qualitativ hochwertige Fotos verleihen deinem Instagram-Profil Glaubwürdigkeit und Professionalität. Sie zeigen, dass du dich um die Qualität deiner Inhalte bemühst und ein hohes Maß an Sorgfalt und Können in deine Arbeit investierst. Durch die Präsentation von hochwertigen Fotos zeigst du, dass du ein Experte auf deinem Gebiet bist und deine Inhalte vertrauenswürdig sind. Dies trägt dazu bei, das Vertrauen deiner Follower aufzubauen und in eine langfristige Beziehungen zu binden.

NUTZERERFAHRUNG UND INTERAKTION:

Die Qualität deiner Fotos beeinflusst direkt die Nutzererfahrung auf Instagram. Hochwertige Fotos bieten eine angenehme visuelle Erfahrung und ziehen das Interesse der Betrachter auf sich. Durch qualitativ hochwertige Inhalte steigerst du die Wahrscheinlichkeit, dass Nutzer deine Fotos liken, kommentieren und mit anderen teilen. Eine positive Nutzererfahrung führt zu einer höheren Interaktionsrate und einer stärkeren Bindung deiner Follower an deine Marke oder dein Profil.

REICHWEITE UND SICHTBARKEIT:

Die Qualität deiner Fotos spielt eine entscheidende Rolle bei der Reichweite und Sichtbarkeit deiner Inhalte auf Instagram. Instagram-Algorithmus bevorzugt Inhalte, die von Nutzern als hochwertig und relevant eingestuft werden. Hochwertige Fotos haben eine größere Chance, auf der Explore-Seite oder in den Hashtag-Feeds angezeigt zu werden, was zu einer höheren Sichtbarkeit und einer größeren Reichweite führt. Durch die Qualität deiner Fotos kannst du potenziell neue Follower gewinnen und deine Präsenz auf Instagram erweitern.

WETTBEWERBSFÄHIGKEIT UND ALLEINSTELLUNGSMERKMAL:

In einer Plattform wie Instagram, wo es eine Vielzahl von Inhalten und Accounts gibt, ist Qualität ein entscheidender Faktor für die Wettbewerbsfähigkeit. Hochwertige Fotos helfen dir dabei, dich von anderen Accounts abzuheben und ein Alleinstellungsmerkmal zu schaffen. Durch die Bereitstellung von qualitativ hochwertigen Inhalten kannst du dich als Experte oder führende Persönlichkeit in deinem Bereich positionieren. Dies ermöglicht es dir, dich von der Konkurrenz abzuheben und eine loyale Anhängerschaft aufzubauen.

MARKENIMAGE UND MARKENBINDUNG:

Die Qualität deiner Fotos trägt maßgeblich zum Markenimage bei. Hochwertige Fotos, die eine ästhetische Konsistenz und einen professionellen Stil aufweisen, helfen dabei, eine starke Markenidentität zu schaffen. Durch die Wahrnehmung von Qualität werden deine Follower deine Marke mit positiven Assoziationen verbinden. Dies fördert die Markenbindung und die langfristige Loyalität gegenüber deinem Instagram-Profil.

Schlusswort:

Die Qualität deiner Fotos spielt eine entscheidende Rolle auf Instagram. Sie beeinflusst die Glaubwürdigkeit deines Profils, die Nutzererfahrung, die Reichweite, die Wettbewerbsfähigkeit und das Markenimage. Investiere Zeit und Mühe in die Erstellung qualitativ hochwertiger Fotos, um die positiven Auswirkungen auf deinen Instagram-Account zu maximieren. Qualität zählt, wenn es darum geht, eine erfolgreiche Präsenz auf Instagram aufzubauen.

1.3 DIE AUSWIRKUNGEN VON QUALITÄT AUF ENGAGEMENT:

Hochwertige Fotos haben eine größere Chance, von anderen Nutzern entdeckt und geteilt zu werden. Sie haben das Potenzial, viral zu werden und werden dir somit eine größere Reichweite verschaffen. Wenn Menschen deine Fotos ansprechend finden, werden sie eher mit ihnen interagieren und sich mit deinem Profil und deiner Marke auseinandersetzen. Engagement ist ein wichtiger Faktor auf Instagram und kann dir dabei helfen, eine loyale und aktive Community aufzubauen.

ANZIEHUNGSKRAFT UND AUFMERKSAMKEIT:

Hochwertige Fotos haben eine starke Anziehungskraft und ziehen die Aufmerksamkeit der Betrachter auf sich. Durch die Verwendung von ansprechenden Kompositionen, klaren Details und einer ästhetisch ansprechenden Gestaltung wecken hochwertige Fotos das Interesse der Nutzer. Die visuelle Qualität der Bilder erzeugt eine positive Wahrnehmung und lädt die Betrachter dazu ein, sich näher mit deinen Inhalten auseinanderzusetzen.

EMOTIONALER ANREIZ:

Hochwertige Fotos haben das Potenzial, starke Emotionen bei den Betrachtern hervorzurufen. Sie können positive Gefühle wie Freude, Begeisterung oder Faszination auslösen und eine emotionale Verbindung zu deinen Inhalten herstellen. Emotionen spielen eine wichtige Rolle beim Engagement auf Instagram, da Nutzer eher geneigt sind, Fotos zu liken, zu kommentieren und mit anderen zu teilen, wenn sie eine emotionale Resonanz erfahren.

ERZÄHLKRAFT UND STORYTELLING:

Hochwertige Fotos bieten eine ausgezeichnete Plattform für Storytelling. Durch die bewusste Auswahl von Motiven, Bildkompositionen und Bildbearbeitungstechniken kannst du Geschichten erzählen und deine Follower auf eine visuelle Reise mitnehmen. Eine gut erzählte Geschichte in Verbindung mit qualitativ hochwertigen Fotos kann eine tiefere Verbindung zu deinem Publikum herstellen und ihr Engagement fördern. Storytelling weckt Neugierde, regt zum Nachdenken an und lädt die Betrachter dazu ein, aktiv mit deinen Inhalten zu interagieren.

AUTHENTIZITÄT UND VERTRAUEN:

Hochwertige Fotos vermitteln nicht nur ästhetische Qualität, sondern auch Authentizität und Glaubwürdigkeit. Wenn deine Fotos eine hohe Qualität haben, sehen deine Follower, dass du deine Arbeit ernst nimmst und dich um die Präsentation deiner Inhalte kümmerst. Dies stärkt das Vertrauen in deine Marke oder dein Profil und fördert das Engagement. Authentizität spielt eine entscheidende Rolle, da Nutzer dazu neigen, mit Inhalten zu interagieren, denen sie vertrauen und die eine echte Verbindung zu ihnen herstellen.

INSPIRATION UND MEHRWERT:

Hochwertige Fotos haben die Kraft, deine Follower zu inspirieren und ihnen einen Mehrwert zu bieten. Indem du qualitativ hochwertige Inhalte bereitstellst, die ästhetisch ansprechend und inhaltlich relevant sind, kannst du deine Follower dazu ermutigen, sich mit deinen Inhalten auseinanderzusetzen und neue Ideen zu gewinnen. Wenn deine Fotos einen Mehrwert bieten, sei es durch informative Inhalte, kreative Konzepte oder inspirierende Botschaften, werden Nutzer eher dazu motiviert, sich aktiv zu engagieren und deine Inhalte zu teilen.

Schlusswort:

Die Qualität deiner Fotos hat eine direkte Auswirkung auf das Engagement auf Instagram. Hochwertige Fotos ziehen die Aufmerksamkeit auf sich, erzeugen Emotionen, erzählen Geschichten, schaffen Vertrauen und bieten Inspiration und Mehrwert. Indem du dich auf die Qualität deiner Fotos konzentrierst, kannst du das Engagement deiner Follower steigern und eine aktive Community aufbauen. Qualität ist ein wesentlicher Faktor für den Erfolg deines Instagram-Accounts.

1.4 DAS STREBEN NACH EXZELLENZ:

Hochwertige Fotos auf Instagram zu veröffentlichen erfordert Zeit, Mühe und Hingabe. Es geht darum, deine Fähigkeiten als Fotograf kontinuierlich zu verbessern, neue Techniken zu erlernen und dich inspirieren zu lassen. Das Streben nach Exzellenz in deiner fotografischen Arbeit wird nicht nur deine Präsenz auf Instagram stärken, sondern auch dein persönliches Wachstum als Künstler fördern.

KONTINUIERLICHE VERBESSERUNG:

Das Streben nach Exzellenz erfordert kontinuierliche Verbesserung. Es geht darum, sich ständig weiterzuentwickeln, neue Fähigkeiten zu erlernen und seine fotografischen Fähigkeiten zu verbessern. Auf Instagram ist es wichtig, dass du dich regelmäßig mit neuen Techniken,

Trends und Inspirationen auseinandersetzt. Dies ermöglicht es dir, deine Fähigkeiten zu erweitern und qualitativ hochwertigere Fotos zu erstellen. Indem du dich kontinuierlich verbesserst, kannst du dich von der Konkurrenz abheben und deine fotografische Exzellenz erreichen.

SETZEN HOHER STANDARDS:

Exzellenz erfordert das Setzen hoher Standards. Es geht darum, keine Kompromisse bei der Qualität deiner Fotos einzugehen und stets nach Perfektion zu streben. Indem du hohe Standards setzt, motivierst du dich selbst, dein Bestes zu geben und das Beste aus jeder Aufnahme herauszuholen. Dies beinhaltet Aspekte wie die Wahl des richtigen Motivs, die Beherrschung von Kompositionstechniken, die Verwendung von angemessener Belichtung und die sorgfältige Nachbearbeitung. Hohe Standards helfen dir dabei, qualitativ hochwertige Fotos zu produzieren und ein professionelles Image auf Instagram zu etablieren.

EINZIGARTIGKEIT UND INDIVIDUALITÄT:

Exzellenz bedeutet auch, deine Einzigartigkeit und Individualität in deine Fotos einfließen zu lassen. Statt Trends blind zu folgen, geht es darum, deinen eigenen Stil zu entwickeln und dich von anderen abzuheben. Indem du deine persönliche Vision und kreative Perspektive in deine Fotos einbringst, kannst du einzigartige Bilder schaffen, die sich von der Masse abheben. Dies ermöglicht es dir, deine Markenidentität zu stärken und eine treue Anhängerschaft aufzubauen, die deine einzigartigen Inhalte schätzt.

FEEDBACK UND LERNEN:

Das Streben nach Exzellenz beinhaltet auch das Einholen von Feedback und das kontinuierliche Lernen. Indem du dich für konstruktives Feedback öffnest und bereit bist, aus

Fehlern zu lernen, kannst du deine Fähigkeiten weiter verbessern. Nutze die Meinungen und Anregungen von anderen Fotografen, Kollegen oder deinem Publikum, um deine Techniken zu verfeinern und neue Perspektiven einzunehmen. Ein offener Geist und die Bereitschaft, zu lernen, sind entscheidend für den Weg zur Exzellenz.

ENGAGEMENT UND LEIDENSCHAFT:

Das Streben nach Exzellenz erfordert Engagement und Leidenschaft. Um kontinuierlich qualitativ hochwertige Fotos zu produzieren, musst du bereit sein, Zeit und Energie in deine Arbeit zu investieren. Die Hingabe zu deinem Handwerk und die Begeisterung für das Fotografieren treiben dich an, immer wieder neue Herausforderungen anzunehmen und dein Bestes zu geben. Die Kombination aus Engagement und Leidenschaft ist ein Schlüssel zur Exzellenz auf Instagram.

Schlusswort:

Das Streben nach Exzellenz auf Instagram ist ein kontinuierlicher Prozess, der kontinuierliche Verbesserung, hohe Standards, Einzigartigkeit, Feedback, Lernen, Engagement und Leidenschaft umfasst. Indem du dich für Exzellenz einsetzt, kannst du deine fotografischen Fähigkeiten weiterentwickeln, qualitativ hochwertige Fotos produzieren und eine starke Präsenz auf Instagram aufbauen. Strebe nach Exzellenz und lass dich von deiner Leidenschaft für Fotografie antreiben, um das Beste aus deinem Instagram-Profil herauszuholen.

1.5 DER AUFBAU DIESES BUCHES:

In den folgenden Kapiteln werden wir uns intensiv mit den verschiedenen Aspekten der hochwertigen Foto-Uploads auf Instagram befassen. Wir werden die Grundlagen der Fotografie für Instagram besprechen, die richtige Ausrüstung und Bildbearbeitungstechniken erforschen, darüber sprechen, wie du deine Fotos in eine Geschichte verwandelst und deinen Instagram-Feed optimal gestaltest. Darüber hinaus werden wir Strategien für Interaktion und Engagement diskutieren, rechtliche Aspekte beleuchten und Möglichkeiten der Monetarisierung aufzeigen.

Einführung in das Thema:

Im ersten Kapitel, der Einführung, werden wir das Thema der Qualität beim Hochladen von Fotos auf Instagram einführen. Wir werden die Bedeutung von qualitativ hochwertigen Fotos und deren Auswirkungen auf Instagram diskutieren. Dieses Kapitel dient als Grundlage für das Verständnis der nachfolgenden Kapitel.

Die Grundlagen der Fotografie:

Im zweiten Kapitel werden wir uns mit den Grundlagen der Fotografie auseinandersetzen. Wir werden wichtige Konzepte wie Belichtung, Komposition, Fokus und Perspektive behandeln. Dieses Kapitel bietet eine solide Basis für das Verständnis der technischen Aspekte der Fotografie, die zur Erstellung qualitativ hochwertiger Fotos erforderlich sind.

Bildbearbeitung und Filter:

Im dritten Kapitel werden wir uns mit der Bildbearbeitung und der Verwendung von Filtern beschäftigen. Wir werden über verschiedene Tools und Software sprechen, die zur Bearbeitung von Fotos verwendet werden können, sowie über die Auswahl und Anwendung von Filtern, um die Qualität deiner Fotos auf Instagram zu verbessern.

Die Bedeutung von Bildbeschreibungen und Hashtags:

Im vierten Kapitel werden wir die Bedeutung von Bildbeschreibungen und Hashtags auf Instagram diskutieren. Wir werden erläutern, wie du durch aussagekräftige Bildbeschreibungen und relevante Hashtags die Sichtbarkeit und Reichweite deiner Fotos erhöhen kannst. Zudem werden wir Tipps geben, wie du ansprechende Bildbeschreibungen und Hashtags erstellen kannst.

Pflege deiner fotografischen Fähigkeiten und persönlichen Entwicklung:

In diesem fünften Kapitel werden wir über die kontinuierliche Pflege deiner fotografischen Fähigkeiten und deine persönliche Entwicklung als Fotograf auf Instagram sprechen. Wir werden über die Bedeutung von Inspiration, Weiterbildung, Feedback, Experimentieren und die Entwicklung eines individuellen Stils sprechen.

Der ethische Umgang mit Instagram-Fotos:

In diesem sechsten Kapitel werden wir über den ethischen Umgang mit Instagram-Fotos sprechen. Wir werden über Themen wie Urheberrecht, Bildrechte, Privatsphäre, Bildmanipulation und den respektvollen Umgang mit anderen Fotografen und Nutzern auf Instagram sprechen.
(Dieses Kapitel ersetzt keine Rechtsberatung)

Langfristiger Erfolg auf Instagram:

In diesem siebten Kapitel werden wir über langfristigen Erfolg auf Instagram sprechen. Wir werden über die Bedeutung von Engagement, Konsistenz, Zielsetzung, Analyse und Anpassung sprechen, um einen nachhaltigen und wachsenden Instagram-Account aufzubauen.

Schlusswort:

Dieses Buch wurde entwickelt, um dir einen umfassenden Leitfaden für das Hochladen qualitativ hochwertiger Fotos auf Instagram zu bieten. Jedes Kapitel behandelt spezifische Aspekte, die für den Erfolg auf Instagram wichtig sind. Du wirst lernen, wie du technisch hochwertige Fotos erstellst, deine Fotos für Instagram optimierst, Engagement förderst und den Erfolg deiner Instagram-Fotostrategie messen und optimieren kannst. Nutze dieses Buch als Werkzeug, um deine fotografischen Fähigkeiten zu verbessern und eine starke Präsenz auf Instagram aufzubauen.

KAPITEL 2: GRUNDLAGEN DER FOTOGRAFIE FÜR INSTAGRAM

Einleitung:

Um hochwertige Fotos auf Instagram hochladen zu können, ist es wichtig, die Grundlagen der Fotografie zu beherrschen. In diesem Kapitel werden wir uns mit verschiedenen Aspekten der Fotografie auseinandersetzen, die dir helfen werden, ansprechende und beeindruckende Bilder zu erstellen.

2.1 DIE BEDEUTUNG VON LICHT UND BELEUCHTUNG:

Licht ist einer der wichtigsten Faktoren in der Fotografie. Wir werden über die verschiedenen Arten von Licht sprechen, wie natürliches Licht, Kunstlicht und Mischlicht, und wie sie sich auf deine Fotos auswirken. Du wirst lernen, wie du das Licht zu deinem Vorteil nutzen kannst, um Stimmungen zu erzeugen und interessante Schattenspiele zu kreieren.

DIE ROLLE DES LICHTS:

In der Fotografie spielt Licht eine entscheidende Rolle, da es die Grundlage für jede Aufnahme bildet. Es hat einen direkten Einfluss auf die Stimmung, Atmosphäre und visuelle Wirkung eines Fotos. Die Art und Weise, wie Licht auf ein Motiv fällt, kann eine Szene komplett verändern und den

Unterschied zwischen einem durchschnittlichen Foto und einem beeindruckenden Bild ausmachen.

Licht hat die Fähigkeit, Emotionen hervorzurufen und Geschichten zu erzählen. Es kann eine romantische, warme Stimmung erzeugen, wenn die Sonne am Horizont untergeht, oder eine dramatische, kontrastreiche Atmosphäre schaffen, wenn die Sonne durch dunkle Wolken bricht. Die richtige Nutzung von Licht kann dazu beitragen, die gewünschte Botschaft zu vermitteln und eine Verbindung zum Betrachter herzustellen.

In der Fotografie geht es um das Spiel von Licht und Schatten. Schatten können Tiefe und Dimension hinzufügen und ein Bild lebendiger machen. Das bewusste Platzieren des Motivs im Verhältnis zum Licht und die Steuerung der Schattenbildung ermöglichen es, das Motiv zu modellieren und ihm eine dreidimensionale Wirkung zu verleihen.

Insgesamt ist Licht ein mächtiges Werkzeug in der Fotografie. Die bewusste Nutzung von Licht ermöglicht es, die gewünschte Stimmung zu erzeugen, Details zu betonen, Emotionen zu transportieren und eine Verbindung zum Betrachter herzustellen. Indem du die Rolle des Lichts verstehst und lernst, es effektiv zu nutzen, kannst du qualitativ hochwertige Fotos auf Instagram erstellen, die die Aufmerksamkeit der Betrachter auf sich ziehen und eine bleibende Wirkung hinterlassen.

NATÜRLICHES LICHT:

Natürliches Licht ist eine der wertvollsten Ressourcen in der Fotografie. Es stammt von der Sonne und bietet eine Fülle von Möglichkeiten, um qualitativ hochwertige Fotos zu erstellen. In diesem Abschnitt werden wir uns ausführlich mit natürlichen Lichtquellen und deren Eigenschaften befassen.

Tageszeit:

Die Tageszeit hat einen erheblichen Einfluss auf die Qualität des natürlichen Lichts. Während der Morgen- und Abenddämmerung, auch bekannt als "goldene Stunden", ist das Licht weich, warm und schmeichelhaft. Es erzeugt lange Schatten und verleiht den Fotos eine romantische Stimmung. Mittagslicht hingegen ist hart, direkt und erzeugt intensive Kontraste. Es kann zu harten Schatten und Überbelichtung führen. Die Wahl der richtigen Tageszeit für deine Fotoshootings kann einen großen Unterschied in der visuellen Wirkung deiner Aufnahmen machen.

Wetterbedingungen:

Auch die Wetterbedingungen haben einen Einfluss auf die Qualität des natürlichen Lichts. An einem klaren Tag scheint das Licht gleichmäßig und liefert kräftige Farben. Wolken hingegen können das Licht diffusieren und für weichere Schatten sorgen. Ein bewölkter Himmel bietet oft eine ideale Lichtsituation für Porträts oder Makroaufnahmen, da das Licht sanft und gleichmäßig verteilt wird. Regen, Schnee oder Nebel können zusätzliche atmosphärische Elemente in deine Fotos einbringen und eine einzigartige Stimmung erzeugen.

Richtung des Lichts:

Die Richtung, aus der das natürliche Licht kommt, beeinflusst die Schattierung, Textur und Dimension deiner Fotos. Bei seitlichem Licht werden die Oberflächenstrukturen betont, während bei Frontallicht die Schatten minimiert werden. Rückenlicht erzeugt eine Silhouettenwirkung oder einen leichten Halo-Effekt um das Motiv herum. Die Wahl der richtigen Richtung des Lichts hängt von deinem gewünschten Effekt und dem Motiv ab, das du fotografieren möchtest.

Lichtqualität:

Die Qualität des natürlichen Lichts kann von Tag zu Tag und von Ort zu Ort variieren. In den frühen Morgen- und späten Abendstunden ist das Licht weicher und hat eine angenehme, warme Qualität. Es streut weniger und erzeugt sanfte Schatten. Bei bewölktem Himmel wird das Licht diffus und erzeugt eine weiche, gleichmäßige Beleuchtung. Es ist wichtig, die Qualität des natürlichen Lichts zu beobachten und entsprechend anzupassen, um die gewünschte Atmosphäre in deinen Fotos zu erzeugen.

Nutzung von Reflektoren und Diffusoren:

Um das natürliche Licht optimal zu nutzen, kannst du Reflektoren und Diffusoren einsetzen. Reflektoren werden verwendet, um das vorhandene Licht zu reflektieren und Schatten aufzuhellen. Sie können aus verschiedenen Materialien wie weißem Papier, Aluminiumfolie oder speziellen Reflektoren bestehen. Diffusoren werden verwendet, um das Licht zu streuen und weichere Schatten zu erzeugen. Sie können aus transluzentem Stoff, speziellen Diffusoren oder auch einfach aus einem weißen Tuch bestehen. Reflektoren und Diffusoren ermöglichen es dir, das natürliche Licht gezielt zu kontrollieren und die gewünschte Beleuchtung für deine Fotos zu erreichen.

KÜNSTLICHE BELEUCHTUNG:

Bei Aufnahmen in Innenräumen oder bei Bedingungen, in denen natürliches Licht nicht ausreichend vorhanden ist, kann künstliche Beleuchtung eingesetzt werden. Dies kann in Form von Studiobeleuchtung, Blitzlicht oder anderen Lichtquellen erfolgen. Es ist wichtig, die verschiedenen Arten von künstlicher Beleuchtung zu verstehen und zu lernen, wie man sie effektiv einsetzt, um die gewünschte Stimmung und Qualität in deinen Fotos zu erzielen. Die richtige Platzierung, Intensität und Farbtemperatur der künstlichen Beleuchtung sind entscheidend.

Studiobeleuchtung:

Studiobeleuchtung bezieht sich auf spezielle Beleuchtungssysteme, die in einem Fotostudio eingesetzt werden. Diese Systeme umfassen in der Regel verschiedene Arten von Lichtquellen wie Studioblitze, Dauerlichter oder Softboxen. Studiobeleuchtung bietet eine hohe Kontrolle über Intensität, Farbtemperatur und Richtung des Lichts. Sie ermöglicht es, das Licht genau auf das Motiv auszurichten und Schatten zu kontrollieren. Studiobeleuchtung eignet sich besonders gut für Porträtfotografie, Produktfotografie und andere Studioaufnahmen, bei denen Präzision und Kontrolle wichtig sind.

Blitzlicht:

Blitzlicht ist eine beliebte Form der künstlichen Beleuchtung, die in verschiedenen Bereichen der Fotografie eingesetzt wird. Es gibt entweder externe Blitzgeräte, die auf der Kamera montiert oder über drahtlose Auslöser gesteuert werden, oder integrierte Blitzlichter in den Kameras selbst. Blitzlicht erzeugt eine kurze, intensive Lichtquelle, die das Motiv schnell und gleichmäßig ausleuchtet. Es eignet sich gut für schnelle Actionaufnahmen oder Situationen, in denen eine schnelle Verschlusszeit erforderlich ist. Das richtige Positionieren und Ausrichten des Blitzes ist wichtig, um harte

Schatten zu vermeiden und eine natürliche Ausleuchtung zu erzielen.

Dauerlicht:

Dauerlicht, wie der Name schon sagt, ist eine konstante Lichtquelle, die während der gesamten Aufnahmezeit eingeschaltet bleibt. Es kann in Form von Glühbirnen, LED-Lichtern oder Leuchtstofflampen kommen. Dauerlicht bietet den Vorteil, dass du das Licht vor der Aufnahme genau beurteilen und anpassen kannst. Es ermöglicht eine bessere Vorschau auf das Endergebnis und bietet eine gute Kontrolle über die Beleuchtung. Dauerlicht eignet sich besonders für Situationen, in denen du die genaue Auswirkung des Lichts auf dein Motiv sehen möchtest, wie beispielsweise in der Stillleben- oder Produktfotografie.

Lichtformer:

Lichtformer sind Zubehörteile, die auf die künstlichen Lichtquellen montiert werden, um das Licht zu modifizieren und zu formen. Dazu gehören Softboxen, Schirme, Reflektoren und Diffusoren. Softboxen erzeugen weiches, diffuses Licht, während Schirme das Licht breiter streuen. Reflektoren können verwendet werden, um das Licht zu reflektieren und Schatten aufzuhellen, während Diffusoren das Licht streuen und weicher machen. Durch den Einsatz von Lichtformern kannst du das Licht an deine Bedürfnisse anpassen und die gewünschte Stimmung und Atmosphäre in deinen Fotos erzeugen.

Farbtemperatur:

Die Farbtemperatur spielt eine wichtige Rolle bei der künstlichen Beleuchtung. Unterschiedliche Lichtquellen haben unterschiedliche Farbtemperaturen, die den Farbton und die Stimmung eines Fotos beeinflussen. Beispielsweise haben Glühlampen ein wärmeres, gelbliches Licht, während Leuchtstofflampen ein kühleres, bläulicheres Licht erzeugen. Es ist wichtig, die Farbtemperatur der künstlichen

Beleuchtung zu berücksichtigen und gegebenenfalls Farbkorrekturmaßnahmen durchzuführen, um die gewünschten Farben in deinen Fotos zu erzielen.

Künstliche Beleuchtung bietet eine Vielzahl von Möglichkeiten, um das Licht in der Fotografie zu kontrollieren und anzupassen. Durch die Verwendung von Studiobeleuchtung, Blitzlicht, Dauerlicht und Lichtformern kannst du gezielt die gewünschte Ausleuchtung und Atmosphäre in deinen Fotos erzeugen. Experimentiere mit verschiedenen Lichtquellen, Positionen und Einstellungen, um die besten Ergebnisse zu erzielen und deinen eigenen fotografischen Stil zu entwickeln.

AUSWIRKUNGEN VON LICHT AUF FARBEN UND KONTRASTE:

Licht beeinflusst auch die Farben und Kontraste in deinen Fotos. Unterschiedliche Lichtbedingungen können die Farbwiedergabe und den Kontrast stark verändern. Beispielsweise kann warmes Abendlicht eine warme, goldene Stimmung erzeugen, während kaltes Tageslicht zu kühleren Farbtönen führen kann. Es ist wichtig, diese Auswirkungen zu verstehen und gezielt zu nutzen, um die gewünschte visuelle Wirkung zu erzielen.

Farbwiedergabe:

Unterschiedliche Lichtbedingungen führen zu unterschiedlichen Farbwiedergaben in deinen Fotos. Natürliches Tageslicht, wie es zur Mittagszeit vorherrscht, erzeugt in der Regel eine präzise und lebendige Farbwiedergabe. Warmes Abendlicht hingegen kann eine wärmere, gelbliche oder rötliche Stimmung erzeugen, die den Farben eine besondere Intensität verleiht. Im Gegensatz dazu kann kaltes Tageslicht zu kühleren Farbtönen führen und eine kühlere Atmosphäre schaffen. Indem du die Farbwirkung des Lichts verstehst, kannst du bewusst die gewünschte Stimmung und Farbpalette in deinen Fotos erzeugen.

Kontraste:

Licht beeinflusst auch die Kontraste in deinen Bildern. Kontrast ist der Unterschied zwischen den hellsten und dunkelsten Bereichen eines Fotos. Hartes Licht mit starken Schatten erzeugt einen hohen Kontrast, während weiches, diffuses Licht zu einem geringeren Kontrast führt. Wenn das Licht direkt von vorne auf das Motiv fällt, kann es flache Schatten und einen niedrigen Kontrast erzeugen. Dagegen kann seitliches Licht eine starke Modellierung und Tiefenwirkung schaffen. Durch gezielte Platzierung und Modellierung des Lichts kannst du den Kontrast in deinen Fotos steuern und visuell ansprechende Ergebnisse erzielen.

Lichtstimmungen:

Die Qualität des Lichts kann auch die Stimmung und Atmosphäre deiner Fotos beeinflussen. Warmes, goldenes Licht am frühen Morgen oder am späten Nachmittag erzeugt eine romantische oder gemütliche Stimmung. Hingegen kann hartes, direktes Licht am Mittag eine energiegeladene oder dramatische Atmosphäre schaffen. Das Verständnis der verschiedenen Lichtstimmungen ermöglicht es dir, gezielt die gewünschte Atmosphäre in deinen Fotos zu erzeugen und eine emotionale Verbindung zu den Betrachtern herzustellen.

Schattenspiele:

Licht und Schatten gehen Hand in Hand und spielen eine wichtige Rolle bei der Erzeugung von Tiefe und Dimension in deinen Fotos. Das richtige Spiel von Licht und Schatten kann Details hervorheben, Formen betonen und eine räumliche Wirkung erzeugen. Indem du die Platzierung des Lichts steuerst und bewusst Schatten einbeziehst, kannst du eine interessante visuelle Dynamik erzeugen und die räumliche Wahrnehmung verbessern.

Indem du die Auswirkungen von Licht auf Farben und Kontraste verstehst, kannst du gezielt die gewünschte Stimmung, Atmosphäre und visuelle Wirkung in deinen Fotos erzeugen. Experimentiere mit unterschiedlichen Lichtbedingungen, beobachte die Veränderungen in Farben und Kontrasten und lerne, wie du das Licht effektiv nutzen kannst, um deine Bilder auf Instagram zum Strahlen zu bringen.

LICHTFÜHRUNG UND -MODELLIERUNG:

Die Art und Weise, wie du das Licht lenkst und modellierst, kann einen erheblichen Einfluss auf die Qualität deiner Fotos haben. Dies umfasst Aspekte wie die Verwendung von Reflektoren, Diffusoren oder Abschattern, um das Licht zu steuern und weiche oder harte Schatten zu erzeugen. Durch gezielte Lichtführung und -modellierung kannst du die gewünschte Formgebung und Struktur in deinen Motiven erzeugen und visuell ansprechende Ergebnisse erzielen.

Lichtführung:

Die Lichtführung bezieht sich auf die Art und Weise, wie du das Licht lenkst und positionierst, um bestimmte Bereiche deines Motivs zu betonen oder abzuschatten.

Hier sind einige wichtige Techniken der Lichtführung:

Hauptlichtquelle: Identifiziere die Hauptlichtquelle in deiner Aufnahmesituation. Dies kann die Sonne, ein Fensterlicht oder eine künstliche Lichtquelle sein. Bestimme, aus welcher Richtung das Licht kommt und wie es auf dein Motiv fällt.

Einfallswinkel: Der Einfallswinkel des Lichts bestimmt die Intensität, den Schattenwurf und die Formgebung in einem Bild. Experimentiere mit verschiedenen Einfallswinkeln, um unterschiedliche Effekte zu erzielen. Ein flacher Einfallswinkel erzeugt weniger Schatten und eignet sich gut für Porträts, während ein seitlicher oder starker Einfallswinkel harte Schatten und eine dramatische Atmosphäre erzeugen kann.

Reflektoren: Reflektoren sind Werkzeuge, mit denen du das Licht reflektieren und lenken kannst, um Schatten aufzuhellen oder gezielte Lichtakzente zu setzen. Verwende Reflektoren wie weiße Kartons, spezielle Reflektorschirme oder sogar einfache Haushaltsgegenstände wie Aluminiumfolie, um das Licht auf dein Motiv zu lenken.

Abschatten: Durch das Platzieren von Abschattungsmaterialien wie Abschattern oder Lichtschranken kannst du bestimmte Bereiche des Motivs abschatten und die Lichtverteilung kontrollieren. Dies ist nützlich, um unerwünschte Reflexionen zu reduzieren oder gezielte Schattenwürfe zu erzeugen.

Lichtmodellierung:

Die Lichtmodellierung bezieht sich auf die Gestaltung und Formgebung des Lichts, um eine bestimmte Atmosphäre und Tiefe in einem Bild zu erzeugen.

Hier sind einige wichtige Techniken der Lichtmodellierung:

Harte und weiche Lichtquellen: Harte Lichtquellen wie direktes Sonnenlicht erzeugen harte Schatten und starke Kontraste. Weiche Lichtquellen wie bewölkter Himmel oder diffuses Fensterlicht erzeugen weichere Schatten und sanftere Übergänge zwischen Licht und Schatten. Wähle die geeignete Lichtquelle entsprechend der gewünschten Stimmung und Ästhetik.

Lichtformer: Lichtformer wie Softboxen, Schirme oder Diffusoren können verwendet werden, um das Licht zu streuen und weicher zu machen. Dies führt zu einer gleichmäßigeren Lichtverteilung und sanfteren Schatten. Experimentiere mit verschiedenen Lichtformern, um den gewünschten Effekt zu erzielen.

Lichttemperatur: Die Lichttemperatur hat einen erheblichen Einfluss auf die Stimmung und Farbwiedergabe in einem Bild. Warmes Licht wie das Abendlicht erzeugt eine gemütliche und romantische Atmosphäre, während kühles Licht wie bei Tageslicht eine kühlere und sachlichere Stimmung vermittelt. Achte auf die Farbtemperatur des Lichts und passe gegebenenfalls die Kameraeinstellungen oder die Weißabgleichseinstellungen an.

Lichtsetzung: Durch die gezielte Platzierung von Lichtquellen kannst du das Licht modellieren und bestimmte Bereiche des Motivs hervorheben oder betonen. Experimentiere mit verschiedenen Positionen und Winkeln, um die gewünschte Formgebung und Tiefe zu erzielen.

Die Kombination von Lichtführung und -modellierung eröffnet dir unzählige Möglichkeiten, um die visuelle Wirkung deiner Fotos zu verbessern. Übe und experimentiere mit verschiedenen Lichtsituationen und Techniken, um ein besseres Verständnis für die Lichtgestaltung in der Fotografie zu entwickeln. Denke daran, dass jeder Ort und jedes Motiv unterschiedliche Anforderungen an die Lichtführung und -modellierung stellt. Je mehr du dich mit diesen Techniken vertraut machst, desto besser kannst du das Licht nutzen, um qualitativ hochwertige und ansprechende Fotos auf Instagram zu erstellen.

Schlusswort:

Licht und Beleuchtung sind von entscheidender Bedeutung für qualitativ hochwertige Fotos. Indem du die Bedeutung von Licht verstehst und lernst, es effektiv zu nutzen, kannst du die visuelle Wirkung deiner Bilder erheblich verbessern. Sei es natürliche oder künstliche Beleuchtung, die Auswahl der richtigen Lichtquelle, die Berücksichtigung von Farben und Kontrasten sowie die gezielte Lichtführung und -modellierung spielen eine wichtige Rolle. Lerne, das Licht zu beobachten, zu verstehen und bewusst einzusetzen, um beeindruckende Fotos auf Instagram zu erstellen.

2.2 KOMPOSITIONSTECHNIKEN FÜR ANSPRECHENDE FOTOS:

Die Komposition ist ein wesentlicher Aspekt in der Fotografie. Wir werden über Techniken wie den goldenen Schnitt, die Regel Drittel, das Framing und die Symmetrie sprechen. Du wirst lernen, wie du den Bildaufbau optimieren kannst, um visuell ansprechende Fotos zu erstellen und die Aufmerksamkeit deiner Betrachter zu lenken.

RULE OF THIRDS:

Die Rule of Thirds ist eine der grundlegendsten und bekanntesten Kompositionstechniken in der Fotografie. Sie basiert auf der Idee, den Bildrahmen in neun gleichgroße Teile zu unterteilen, indem zwei horizontale Linien und zwei vertikale Linien gezogen werden, die sich in vier Schnittpunkten treffen. Diese Linien und Schnittpunkte dienen als Orientierungshilfe, um die Platzierung von Hauptelementen in einem Bild zu bestimmen.

Die Rule of Thirds beruht auf der Annahme, dass die Platzierung von Hauptelementen entlang dieser Linien oder an den Schnittpunkten zu einer ausgewogeneren und visuell ansprechenderen Komposition führt. Indem du deine Elemente nicht direkt in der Mitte des Bildes platzierst, entsteht eine interessantere und dynamischere Bildgestaltung.

Es gibt verschiedene Möglichkeiten, die Rule of Thirds anzuwenden:

Horizontale Linien: Wenn du ein Landschaftsfoto aufnimmst, kannst du die horizontale Linie entlang des oberen oder unteren Drittels des Bildes platzieren. Wenn der Himmel eine wichtige Rolle spielt, platzierst du den Horizont in der unteren Hälfte des Bildes, um mehr Himmel zu zeigen. Wenn der Vordergrund wichtig ist, platzierst du den Horizont in der oberen Hälfte des Bildes, um mehr Bodendetails einzubeziehen.

Vertikale Linien: Bei der Platzierung von vertikalen Elementen, wie zum Beispiel einem Baum oder einer Säule, kannst du darauf achten, dass diese entlang der vertikalen Linien oder in der Nähe der seitlichen Schnittpunkte platziert werden. Dadurch entsteht ein ausgewogenes und harmonisches Bild.

Hauptmotive: Die Rule of Thirds kann auch bei der Platzierung von Hauptmotiven wie Personen, Tieren oder Objekten angewendet werden. Indem du das Hauptmotiv entlang einer der vertikalen Linien oder an einem der seitlichen Schnittpunkte positionierst, erzeugst du eine natürlichere und ästhetisch ansprechendere Komposition.

Die Rule of Thirds ist jedoch keine starre Regel, die immer befolgt werden muss. Manchmal kann es auch effektiv sein, bewusst gegen diese Regel zu verstoßen, um eine besondere Wirkung zu erzielen oder bestimmte Elemente hervorzuheben. Die Rule of Thirds dient als Leitlinie, die dir helfen kann, eine ausgewogene und ansprechende Komposition zu erreichen, aber letztendlich liegt es an dir als Fotograf, deine kreative Intuition einzusetzen und zu entscheiden, welche Kompositionsentscheidungen am besten zu deinem Motiv und deiner beabsichtigten Botschaft passen.

Die Anwendung der Rule of Thirds erfordert ein gewisses Maß an Übung und Experimentieren. Je mehr du dich damit vertraut machst, desto intuitiver wird es für dich, die Platzierung von Elementen in deinen Fotos zu bestimmen. Die Rule of Thirds ist eine wertvolle Technik, um qualitativ hochwertige und ästhetisch ansprechende Fotos auf Instagram zu erstellen und das Auge des Betrachters zu fesseln.

FÜHRENDE LINIEN:

Führende Linien sind eine wichtige Kompositionstechnik in der Fotografie, bei der Linien oder Elemente im Bild verwendet werden, um das Auge des Betrachters durch das Bild zu führen und eine räumliche Tiefe zu erzeugen. Diese Linien dienen dazu, den Blick auf ein bestimmtes Motiv zu lenken und eine visuelle Dynamik in der Aufnahme zu erzeugen. Im Folgenden werde ich ausführlich auf die Bedeutung und Anwendung von führenden Linien eingehen.

Bedeutung von führenden Linien:
Führende Linien spielen eine entscheidende Rolle bei der visuellen Gestaltung von Fotos, da sie dem Bild Tiefe, Struktur und eine gewisse Richtung verleihen. Sie erzeugen eine visuelle Verbindung zwischen verschiedenen Elementen im Bild und leiten das Auge des Betrachters durch das Bild. Dadurch wird das Motiv hervorgehoben und die visuelle Wirkung verstärkt. Führende Linien können auch eine

gewisse Dynamik und Bewegung in das Bild bringen, indem sie den Blick in eine bestimmte Richtung lenken.

Arten von führenden Linien:
Es gibt verschiedene Arten von führenden Linien, die in der Fotografie genutzt werden können.

Hier sind einige häufig verwendete Beispiele:

Straßen und Wege: Straßen und Wege sind eine häufige Form von führenden Linien. Sie ziehen sich oft in die Ferne und erzeugen eine Perspektive, die das Auge des Betrachters in die Tiefe des Bildes führt.

Zäune und Geländer: Zäune oder Geländer, die sich im Bild erstrecken, können ebenfalls als führende Linien dienen und den Blick des Betrachters lenken.

Flüsse oder Wasserläufe: Flüsse oder Wasserläufe, die durch das Bild fließen, erzeugen eine natürliche führende Linie und können den Betrachter in das Bild hineinziehen.

Architektonische Elemente: Architektonische Elemente wie Säulen, Bögen oder Treppen können als starke führende Linien fungieren und das Auge des Betrachters durch das Bild führen.

Natürliche Elemente: Natürliche Elemente wie Baumreihen, Bergkämme oder horizontale Linien in der Landschaft können ebenfalls als führende Linien dienen und dem Bild Struktur und Richtung verleihen.

Anwendung von führenden Linien:

Um führende Linien effektiv einzusetzen, ist es wichtig, die Bildkomposition sorgfältig zu planen.

Hier sind einige Tipps zur Anwendung von führenden Linien:

Platzierung: Platziere die führende Linie so, dass sie das gewünschte Motiv oder den Fokuspunkt des Bildes unterstützt. Achte darauf, dass die Linie das Bild nicht verlässt, sondern den Blick des Betrachters im Bild behält.

Perspektive: Experimentiere mit verschiedenen Perspektiven, um die Wirkung der führenden Linien zu verstärken. Fotografiere beispielsweise aus niedriger oder erhöhter Position, um die Linien besser sichtbar zu machen und den Blickwinkel zu verändern.

Diagonale Linien: Diagonale Linien erzeugen eine zusätzliche Dynamik im Bild. Platziere sie so, dass sie von einer Ecke des Bildes zur anderen verlaufen und das Auge des Betrachters durch das Bild führen.

Verwendung von Weitwinkelobjektiven:

Weitwinkelobjektive eignen sich besonders gut für die Darstellung von führenden Linien, da sie den Blickwinkel erweitern und die Linien verstärken können.

Kombination mit anderen Kompositionstechniken:

Kombiniere führende Linien mit anderen Kompositionstechniken wie dem goldenen Schnitt oder der Rule of Thirds, um eine ausgewogene und ästhetisch ansprechende Komposition zu erzielen.

Indem du führende Linien geschickt einsetzt, kannst du die visuelle Wirkung deiner Fotos verbessern und den Betrachter durch das Bild führen. Experimentiere mit verschiedenen Arten von führenden Linien und finde heraus, welche am besten zu deinem Motiv und deiner beabsichtigten Botschaft passt. Mit der Zeit wirst du ein Gespür dafür entwickeln, wie du führende Linien effektiv nutzen kannst, um qualitativ hochwertige und ansprechende Fotos auf Instagram zu erstellen.

SYMMETRIE UND MUSTER:

Symmetrie und Muster sind Kompositionselemente, die eine visuelle Anziehungskraft erzeugen und das Auge des Betrachters auf sich ziehen. In diesem Abschnitt werde ich ausführlich auf Symmetrie und Muster eingehen und erklären, wie du sie in deinen Fotos auf Instagram nutzen kannst.

Symmetrie:

Symmetrie bezieht sich auf die Gleichheit oder Spiegelung von Elementen auf beiden Seiten einer Achse oder eines Punktes. Sie erzeugt ein Gefühl von Ausgeglichenheit, Harmonie und Ruhe in einem Bild.

Hier sind einige Aspekte der Symmetrie, die du beachten kannst:

Horizontale Symmetrie: Bei der horizontalen Symmetrie sind die oberen und unteren Hälften des Bildes spiegelbildlich identisch. Beispiele dafür sind Reflexionen in Wasser, Spiegelungen oder symmetrische Architekturelemente. Durch die Platzierung des Horizonts in der Mitte des Bildes kannst du eine starke horizontale Symmetrie erzeugen.

Vertikale Symmetrie: Die vertikale Symmetrie tritt auf, wenn die linke und rechte Seite des Bildes spiegelbildlich identisch sind. Beispiele dafür sind symmetrische Gebäudefassaden, Bäume oder Säulen. Achte darauf, dass die vertikale Achse in der Mitte des Bildes liegt, um die symmetrische Wirkung zu verstärken.

Radiale Symmetrie: Bei der radialen Symmetrie sind die Elemente um einen zentralen Punkt herum gleichmäßig angeordnet. Beispiele dafür sind Blumen mit strahlenförmigen Blütenblättern oder architektonische Details wie Kirchendome. Platziere das Hauptmotiv in der Mitte des Bildes, um die radiale Symmetrie zu betonen.

Muster:

Muster sind regelmäßig wiederkehrende Elemente oder Formen, die eine visuelle Struktur bilden. Sie erzeugen eine gewisse Ordnung und Wiederholung in einem Bild und können sowohl natürliche als auch künstliche Motive umfassen.

Hier sind einige Aspekte der Muster, die du berücksichtigen kannst:

Natürliche Muster: In der Natur findest du viele beeindruckende Muster, wie beispielsweise Wellenmuster im Wasser, geometrische Muster in Schneekristallen oder Spiralen in Pflanzen. Halte Ausschau nach solchen natürlichen Mustern und versuche, sie in deinen Fotos einzufangen.

Architektonische Muster: Architektur bietet oft faszinierende Muster, wie symmetrische Fliesenmuster, regelmäßige Fensterreihen oder repetitive Formen. Erkunde architektonische Strukturen und finde interessante Muster, die deine Komposition bereichern können.

Textilmuster: Stoffe und Textilien sind eine weitere Quelle für vielfältige Muster. Betrachte Gewebe, Teppiche oder Kleidungsstücke, um interessante und auffällige Muster zu entdecken. Achte darauf, dass die Muster im Bild deutlich erkennbar sind und eine gewisse visuelle Wirkung erzeugen.

Repetition: Wiederholende Elemente können ebenfalls ein fesselndes Muster erzeugen. Das können beispielsweise Reihen von ähnlichen Objekten, Linien oder Formen sein. Suche nach solchen repetitiven Elementen und finde eine interessante Perspektive, um sie in Szene zu setzen.

Die bewusste Anwendung von Symmetrie und Muster kann deine Fotos auf Instagram ästhetisch ansprechender machen. Achte darauf, dass die Symmetrie oder das Muster im Bild gut sichtbar sind und eine klare visuelle Wirkung erzeugen. Experimentiere mit verschiedenen Motiven und finde heraus, wie du diese Kompositionselemente am besten nutzen kannst, um ein beeindruckendes visuelles Erlebnis für deine Betrachter zu schaffen.

NEGATIVER RAUM:

Negativer Raum ist ein wichtiger Aspekt der Komposition in der Fotografie. Es bezieht sich auf den leeren oder freien Raum um das Hauptmotiv herum. Dieser leere Raum kann sowohl im Vordergrund, im Hintergrund als auch um das Motiv herum existieren. Obwohl er "leer" erscheint, spielt er eine entscheidende Rolle bei der visuellen Wirkung eines Bildes.

Hier ist eine ausführliche Beschreibung des negativen Raums:

Betonung des Hauptmotivs:

Der negative Raum hilft dabei, das Hauptmotiv in einem Bild zu betonen und ihm mehr visuelle Präsenz zu verleihen. Durch die Verwendung von leeren Räumen wird das Hauptmotiv isoliert und hebt sich deutlich vom Rest des Bildes ab. Dies ermöglicht es dem Betrachter, seine Aufmerksamkeit und Konzentration auf das Hauptmotiv zu lenken.

Balance und Harmonie:

Negativer Raum trägt zur Balance und Harmonie einer Komposition bei. Er schafft eine ausgewogene Verteilung von visuellem Gewicht im Bild und verhindert, dass das Bild überladen oder zu voll erscheint. Der negative Raum sorgt für eine visuelle Ruhe und ermöglicht es dem Betrachter, das Bild besser zu erfassen und zu verstehen.

Schaffung von Raum und Tiefe:

Durch die Verwendung von negativem Raum wird dem Bild mehr Raum und Tiefe verliehen. Er erzeugt eine räumliche Dimension und gibt dem Betrachter das Gefühl, in das Bild einzutauchen. Der negative Raum kann auch dazu beitragen, eine gewisse Atmosphäre oder Stimmung im Bild zu erzeugen, indem er dem Hauptmotiv mehr Platz zum Atmen gibt.

Betonung von Formen und Strukturen:

Negativer Raum kann auch dazu dienen, Formen und Strukturen im Bild hervorzuheben. Wenn das Hauptmotiv klare und erkennbare Formen hat, kann der umgebende negative Raum diese Formen verstärken und betonen. Dadurch entsteht ein visuell interessantes Zusammenspiel zwischen positiven und negativen Formen im Bild.

Kreativer Ausdruck und Interpretation:

Negativer Raum ermöglicht dem Fotografen einen kreativen Ausdruck und Interpretation. Durch bewusstes Einbeziehen von leeren Räumen kann der Fotograf eine bestimmte Botschaft vermitteln, eine gewisse Atmosphäre erzeugen oder den Betrachter zum Nachdenken anregen. Der negative Raum kann genutzt werden, um Spannung, Einsamkeit, Weite oder andere emotionale Zustände zu vermitteln.

Um den negativen Raum effektiv zu nutzen, ist es wichtig, bewusst darüber nachzudenken, wie er das Hauptmotiv ergänzt und verstärkt. Experimentiere mit verschiedenen Verhältnissen von positiven und negativen Räumen, um die gewünschte visuelle Wirkung zu erzielen. Denke daran, dass der negative Raum genauso wichtig ist wie das Hauptmotiv selbst und dass die bewusste Gestaltung des leeren Raums zu qualitativ hochwertigen und ästhetisch ansprechenden Fotos auf Instagram führen kann.

BLICKFÜHRUNG:

Die Blickführung ist eine wichtige Kompositionstechnik, die dazu dient, den Blick des Betrachters gezielt auf ein bestimmtes Motiv oder eine bestimmte Stelle im Bild zu lenken. Durch geschicktes Platzieren von Linien, Formen oder Blickrichtungen im Bild kannst du die Aufmerksamkeit des Betrachters steuern und die visuelle Kommunikation verstärken.

Blickrichtungen:
Eine effektive Möglichkeit, die Blickführung zu nutzen, besteht darin, die Blickrichtungen im Bild zu berücksichtigen. Wenn Personen oder Tiere im Bild sind, ziehen sie oft automatisch die Aufmerksamkeit des Betrachters auf sich. Indem du den Blick der Person oder des Tieres in eine bestimmte Richtung lenkst, kannst du den Betrachter dazu bringen, diesem Blick zu folgen. Das kann durch die Platzierung des Motivs im Bild, durch eine Blickrichtung innerhalb des Bildes oder durch den Einsatz von Linien oder anderen visuellen Elementen erreicht werden.

Linien und Formen:
Linien und Formen im Bild können ebenfalls als Blickführung dienen. Das können diagonale Linien sein, die von einem Bildrand zum anderen verlaufen und den Blick des Betrachters auf ein zentrales Motiv lenken. Vertikale Linien

können die Blickrichtung nach oben oder unten lenken, während horizontale Linien den Blick in eine bestimmte Richtung führen können. Formen wie Pfeile oder Zeiger können verwendet werden, um den Blick in eine bestimmte Richtung zu lenken. Achte darauf, dass die Linien oder Formen klar und deutlich erkennbar sind, damit sie ihre Wirkung entfalten können.

Kontrast und Hervorhebung:

Durch den Einsatz von Kontrasten oder der gezielten Hervorhebung eines Motivs im Bild kannst du die Blickführung verstärken. Das kann durch den Einsatz von Farben, Helligkeit oder Schärfe erreicht werden. Wenn ein Motiv beispielsweise farblich von seiner Umgebung abweicht oder durch eine Schärfentiefe hervorgehoben ist, wird der Blick des Betrachters automatisch darauf gelenkt.

Bildaufbau und Anordnung:

Die Platzierung des Hauptmotivs im Bildrahmen kann einen großen Einfluss auf die Blickführung haben. Gemäß der Rule of Thirds kannst du das Hauptmotiv entlang der Linien oder an den Schnittpunkten platzieren, um eine ausgewogene Komposition und eine natürliche Blickführung zu erzeugen. Du kannst auch den negativen Raum um das Hauptmotiv herum nutzen, um den Blick des Betrachters darauf zu lenken.

Bildgeschichten:

Die Blickführung kann auch genutzt werden, um eine Geschichte im Bild zu erzählen. Indem du verschiedene Elemente im Bild miteinander verbindest oder sie in einer bestimmten Reihenfolge anordnest, kannst du den Betrachter dazu bringen, die Geschichte im Bild zu entdecken und zu verfolgen. Dies kann durch die Anordnung von Personen oder Objekten im Bild, ihre Blickrichtungen oder ihre Interaktionen erreicht werden.

Die Blickführung ist eine leistungsstarke Technik, um die visuelle Kommunikation in deinen Fotos zu verstärken. Indem du gezielt Blickrichtungen, Linien, Formen, Kontraste und Anordnungen nutzt, kannst du die Aufmerksamkeit des Betrachters steuern und eine starke visuelle Wirkung erzielen. Experimentiere mit verschiedenen Elementen und Techniken der Blickführung, um herauszufinden, welche am besten zu deinem Motiv und deiner beabsichtigten Botschaft passt.

GOLDENER SCHNITT:

Der goldene Schnitt ist eine Kompositionstechnik, die auf einem mathematischen Verhältnis basiert und seit vielen Jahrhunderten in Kunst, Architektur und Fotografie verwendet wird. Er ist eine Methode, um eine ästhetisch ansprechende und harmonische Anordnung von Elementen im Bildrahmen zu erzeugen.

Der goldene Schnitt wird durch das Verhältnis von 1:1,618 definiert, auch bekannt als die goldene Zahl oder Phi (Φ). Dieses Verhältnis wurde schon in der Antike von griechischen Mathematikern wie Euclid und Pythagoras entdeckt und gilt als ästhetisch besonders angenehm für das menschliche Auge.

In der Fotografie wird der goldene Schnitt verwendet, um das Bild in zwei ungleiche Teile zu teilen, wobei das Verhältnis zwischen diesen Teilen dem goldenen Schnitt entspricht. Typischerweise wird der Bildrahmen horizontal oder vertikal geteilt, wobei das Hauptmotiv in einem der beiden Teile platziert wird. Oftmals wird das Hauptmotiv an den Schnittpunkten der Linien platziert, um eine noch stärkere Betonung zu erzielen.

Die Verwendung des goldenen Schnitts in der Komposition kann eine Reihe von Vorteilen bieten. Er erzeugt eine angenehme visuelle Balance und Harmonie, da das Bild nicht gleichmäßig in zwei Hälften geteilt wird. Stattdessen entsteht eine asymmetrische Anordnung, die das Auge des Betrachters dazu einlädt, das gesamte Bild zu erkunden.

Der goldene Schnitt kann auch dabei helfen, den Fokus des Betrachters auf das Hauptmotiv zu lenken. Indem du das Hauptmotiv entlang der goldenen Schnittlinien oder an den Schnittpunkten platzierst, schaffst du eine natürliche Blickführung und sorgst dafür, dass das Auge des Betrachters intuitiv dorthin gelenkt wird.

Es ist wichtig zu beachten, dass der goldene Schnitt als Leitlinie und nicht als starre Regel betrachtet werden sollte. Es gibt Situationen, in denen andere Kompositionstechniken möglicherweise besser geeignet sind, je nach Motiv, gewünschter Wirkung und persönlichem Stil. Der goldene Schnitt ist jedoch eine wertvolle Methode, um die Komposition deiner Fotos zu verbessern und ästhetisch ansprechende Ergebnisse zu erzielen.

Um den goldenen Schnitt in deinen Fotos anzuwenden, kannst du die Gitterfunktion in deinem Kamera-Viewfinder oder Bildbearbeitungsprogramm verwenden, um den Bildrahmen entsprechend zu teilen. Du kannst auch die Linien im Nachhinein zeichnen, um zu überprüfen, ob dein Motiv entlang der goldenen Schnittlinien platziert ist.

Indem du den goldenen Schnitt als eine von vielen Kompositionstechniken in deiner fotografischen Arbeit einsetzt, kannst du das visuelle Interesse steigern und ansprechende Bilder auf Instagram erstellen. Experimentiere mit dieser Technik und entwickle ein Gespür dafür, wie du sie in verschiedenen Szenarien und Motiven anwenden kannst.

Schlusswort:

Die Komposition ist ein wesentlicher Bestandteil der Fotografie und kann den Unterschied zwischen einem durchschnittlichen Foto und einem beeindruckenden Bild ausmachen. Indem du verschiedene Kompositionstechniken wie die Rule of Thirds, Führende Linien, Symmetrie und Muster, negativen Raum, Blickführung und den goldenen Schnitt anwendest, kannst du deine Fotos interessanter, ästhetischer und ansprechender gestalten. Experimentiere mit den verschiedenen Techniken und finde heraus, welche am besten zu deinem Motiv und deiner beabsichtigten Botschaft passt. Die bewusste Anwendung von Kompositionstechniken wird dir dabei helfen, qualitativ hochwertige Fotos auf Instagram zu erstellen, die das Auge des Betrachters fesseln.

2.3 AUSWAHL DES RICHTIGEN BLICKWINKELS UND DER PERSPEKTIVE:

Die Wahl des Blickwinkels und der Perspektive kann einen großen Einfluss auf die Wirkung deiner Fotos haben. Wir werden über verschiedene Blickwinkel sprechen, wie z. B. Vogelperspektive, Froschperspektive und Augenhöhe. Du wirst lernen, wie du die Perspektive geschickt einsetzen kannst, um interessante und einzigartige Bilder zu gestalten.

AUGENHÖHE:

Die Augenhöhe ist eine klassische Perspektive in der Fotografie, bei der das Motiv auf Augenhöhe oder in etwa auf gleicher Höhe mit dem Betrachter fotografiert wird. Diese Perspektive ermöglicht es dem Betrachter, eine direkte Verbindung zum Motiv herzustellen und schafft eine gewisse Vertrautheit.

Die Wahl der Augenhöhe-Perspektive hängt von der Art des Motivs und der gewünschten Wirkung ab. Hier sind einige Punkte, die bei der Anwendung der Augenhöhe-Perspektive zu beachten sind:

Natürlichkeit und Empathie:

Indem du das Motiv auf Augenhöhe fotografierst, schaffst du eine natürliche und zugängliche Darstellung. Der Betrachter fühlt sich mit dem Motiv verbunden und kann sich besser in die Situation hineinversetzen. Dies ist besonders bei Porträtaufnahmen von Menschen von Vorteil, da die Augenhöhe-Perspektive ihnen eine persönliche Note verleiht.

Blickkontakt:

Durch die Augenhöhe-Perspektive ermöglicht es dir, direkten Blickkontakt mit dem Motiv herzustellen. Das kann eine starke emotionale Wirkung erzeugen und die Aufmerksamkeit des Betrachters auf das Wesentliche lenken. Der Blickkontakt schafft eine Verbindung zwischen dem Motiv und dem Betrachter und kann die Geschichte des Fotos intensivieren.

Gleichwertigkeit:

Die Augenhöhe-Perspektive stellt sicher, dass das Motiv nicht über- oder untergeordnet erscheint. Es entsteht eine Gleichwertigkeit zwischen dem Motiv und dem Betrachter, wodurch das Motiv als gleichberechtigter Teil der Szene wahrgenommen wird. Dies kann das Motiv stärken und seine Bedeutung hervorheben.

Kommunikation von Details:

Die Augenhöhe-Perspektive ermöglicht es, Details und Feinheiten des Motivs zu betonen. Insbesondere bei Porträts können Gesichtsausdrücke, Augenfarbe, Texturen der Haut und andere wichtige Merkmale besser zur Geltung kommen. Die Perspektive erlaubt es dem Betrachter, diese Details zu erkennen und eine tiefere Verbindung zum Motiv aufzubauen.

Alltägliche Perspektive:

Die Augenhöhe-Perspektive entspricht der gewöhnlichen Sichtweise einer Person im Alltag. Sie erzeugt eine Vertrautheit und Authentizität, da der Betrachter das Motiv so wahrnimmt, wie er es im realen Leben tun würde. Dadurch wird das Foto lebensnah und kann eine größere emotionale Resonanz hervorrufen.

Es ist wichtig zu beachten, dass die Anwendung der Augenhöhe-Perspektive nicht immer die beste Wahl ist. Es gibt Situationen, in denen andere Perspektiven, wie die Vogelperspektive oder die Froschperspektive, eine interessantere Wirkung erzielen können. Es liegt in deinem Ermessen als Fotograf, die passende Perspektive für jedes Motiv und jede Situation auszuwählen.

Die Augenhöhe-Perspektive ist eine vielseitige und effektive Methode, um Verbindung, Empathie und Natürlichkeit in deinen Fotos zu erzeugen. Indem du bewusst die Augenhöhe-Perspektive einsetzt, kannst du Bilder schaffen, die den Betrachter in den Bann ziehen und ihm ein intensives visuelles Erlebnis bieten.

VOGELPERSPEKTIVE:

Die Vogelperspektive ist eine fotografische Technik, bei der das Motiv von einer erhöhten Position aus betrachtet wird. Diese Perspektive erzeugt eine einzigartige Sichtweise und ermöglicht dem Betrachter, das Motiv aus einer ungewöhnlichen und oft beeindruckenden Perspektive zu betrachten.

Die Vogelperspektive wird erreicht, indem du das Motiv von oben herab fotografierst. Das kann durch den Einsatz eines Stativs, einer Drohne oder einer erhöhten Position wie einem Balkon, einer Treppe oder einem erhöhten Gelände geschehen. Je nach Situation kannst du verschiedene Hilfsmittel verwenden, um die gewünschte Höhe und den Blickwinkel zu erreichen.

Die Vogelperspektive bietet eine Vielzahl von Vorteilen und Möglichkeiten in der Fotografie. Erstens ermöglicht sie einen umfassenden Überblick über eine Szene oder ein Motiv. Durch den erhöhten Blickwinkel kannst du einen größeren Bereich erfassen und interessante Muster, Formen oder Strukturen erkennen, die aus normaler Augenhöhe möglicherweise verborgen bleiben würden.

Darüber hinaus verleiht die Vogelperspektive deinen Fotos eine gewisse Dramatik und Ästhetik. Indem du das Motiv von oben herab betrachtest, kannst du es größer und imposanter erscheinen lassen. Dies ist besonders effektiv bei Landschaftsaufnahmen, Architekturfotografie oder großen Menschenansammlungen, wo du die gesamte Szenerie erfassen möchtest.

Die Vogelperspektive eignet sich auch gut, um die räumliche Tiefe zu betonen. Indem du Vordergrundelemente in dein Bild einbeziehst und sie mit weiter entfernten Elementen kombinierst, kannst du eine interessante

Perspektive und eine Illusion von Tiefe erzeugen. Dies kann besonders bei Landschaftsaufnahmen oder städtischen Szenen beeindruckende Ergebnisse erzielen.

Bei der Verwendung der Vogelperspektive ist es wichtig, die Bildkomposition im Auge zu behalten. Achte darauf, dass dein Hauptmotiv im Bild gut platziert ist und dass andere Elemente das Motiv nicht überdecken oder ablenken. Das Spiel mit Linien, Mustern und Formen kann besonders effektiv sein, um eine starke visuelle Wirkung zu erzielen.

Es ist auch wichtig zu beachten, dass die Vogelperspektive nicht für jedes Motiv geeignet ist. Manchmal kann sie dazu führen, dass das Motiv flach oder uninteressant wirkt, insbesondere wenn wichtige Details oder Texturen verloren gehen. Daher ist es ratsam, verschiedene Perspektiven auszuprobieren und zu experimentieren, um die beste Darstellung deines Motivs zu finden.

Insgesamt ermöglicht die Vogelperspektive eine faszinierende und einzigartige Sichtweise auf die Welt. Sie eröffnet neue Möglichkeiten, um bekannte Motive auf ungewöhnliche Weise darzustellen und dem Betrachter neue Perspektiven zu bieten. Durch die bewusste Anwendung der Vogelperspektive kannst du eindrucksvolle und ästhetisch ansprechende Fotos aufnehmen, die auf Instagram Aufmerksamkeit erregen werden.

FROSCHPERSPEKTIVE:

Die Froschperspektive ist eine fotografische Technik, bei der das Motiv von unten nach oben fotografiert wird. Sie wird auch als "Low-Angle-Shot" bezeichnet und erzeugt eine einzigartige visuelle Wirkung, indem sie das Motiv größer und imposanter erscheinen lässt. Durch die Verwendung der Froschperspektive kannst du eine dramatische und kraftvolle Darstellung deiner Motive erzielen.

Die Froschperspektive wird häufig bei Architekturaufnahmen eingesetzt, um beeindruckende Gebäude, Monumente oder andere hohe Strukturen in Szene zu setzen. Durch das Fotografieren aus einer niedrigen Position aus erzeugt die Froschperspektive eine starke räumliche Wirkung und betont die vertikale Ausdehnung des Motivs. Dadurch können auch Details hervorgehoben werden, die normalerweise in Augenhöhe weniger auffallen würden.

Ein Beispiel für die Anwendung der Froschperspektive wäre die Aufnahme eines Wolkenkratzers. Wenn du dich ganz nah am Fuß des Gebäudes positionierst und die Kamera nach oben ausrichtest, wird das Gebäude enorm hoch und imposant wirken. Die Linien des Gebäudes werden in die Höhe streben und eine starke vertikale Dynamik erzeugen.

Die Froschperspektive kann auch bei Porträtaufnahmen eingesetzt werden, um eine andere Wirkung zu erzielen. Durch das Fotografieren aus einer niedrigen Position können Personen größer und kraftvoller erscheinen. Dies kann dazu beitragen, eine bestimmte Stimmung oder Ausdruckskraft im Porträt zu erzeugen. Besonders bei Kindern oder Tieren kann die Froschperspektive eine spielerische und zugleich eindrucksvolle Darstellung ermöglichen.

Es ist wichtig zu beachten, dass die Froschperspektive nicht für jedes Motiv geeignet ist und in einigen Fällen unpassend wirken kann. Es ist ratsam, die Froschperspektive sparsam und gezielt einzusetzen, um die gewünschte visuelle Wirkung zu erzielen. Experimentiere mit verschiedenen Blickwinkeln und Perspektiven, um herauszufinden, welche am besten zu deinem Motiv und deinem gewünschten Ausdruck passt.

Bei der Verwendung der Froschperspektive solltest du auch auf die Hintergrundgestaltung achten. Da der Blickwinkel nach oben gerichtet ist, kann der Hintergrund eine größere Rolle spielen als bei anderen Perspektiven. Achte darauf, dass der Hintergrund nicht zu überladen ist und das Hauptmotiv nicht überstrahlt.

Die Froschperspektive ist eine faszinierende Technik, die deine Fotos mit einer besonderen Wirkung versehen kann. Durch das Fotografieren aus einer niedrigen Position kannst du einzigartige und beeindruckende Bilder schaffen, die das Auge des Betrachters fesseln. Experimentiere mit dieser Perspektive und entdecke, wie sie deine fotografische Kreativität erweitern kann.

SEITLICHE PERSPEKTIVE:

Die seitliche Perspektive ist eine Kompositions- und Aufnahmetechnik, bei der das Motiv von der Seite betrachtet und abgelichtet wird. Diese Perspektive ermöglicht es, Tiefe, Struktur und Details des Motivs zu betonen und eine interessante visuelle Darstellung zu erzeugen.

Wenn du dich für eine seitliche Perspektive entscheidest, platzierst du dich seitlich zum Motiv, sodass du eine seitliche Ansicht erhältst. Dadurch kannst du die Formen, Linien und Konturen des Motivs betonen und einen starken visuellen Eindruck erzeugen.

Die seitliche Perspektive eignet sich besonders gut für Stillleben, Produktfotografie und Streetfotografie. Sie ermöglicht es, interessante Details und Muster zu erfassen und eine gewisse Räumlichkeit in das Bild zu bringen. Durch seitliche Perspektiven kannst du auch den Hintergrund und den Vordergrund miteinander in Beziehung setzen und eine dynamische Komposition schaffen.

Ein wichtiger Aspekt bei der Verwendung der seitlichen Perspektive ist die Platzierung des Motivs im Bildrahmen. Du kannst das Motiv entweder im Vordergrund oder im Hintergrund platzieren, um eine bestimmte Hierarchie oder Fokussierung zu erzeugen. Achte darauf, dass das Motiv genügend Raum im Bild hat und nicht abgeschnitten oder zu eng positioniert ist.

Ein weiterer Vorteil der seitlichen Perspektive ist die Möglichkeit, Schatten und Lichteffekte zu betonen. Je nach Lichtquelle und -richtung kannst du mit seitlichen Perspektiven spielen und interessante Schattenspiele und Kontraste erzeugen, die dem Bild eine zusätzliche visuelle Dimension verleihen.

Es ist wichtig, die seitliche Perspektive nicht ausschließlich zu verwenden, sondern sie als eine von vielen Kompositionstechniken zu betrachten. Je nach Motiv und gewünschter Wirkung können andere Perspektiven wie die Augenhöhe, Vogelperspektive oder Froschperspektive besser geeignet sein. Die Wahl der Perspektive hängt von deinem kreativen Ausdruck, der beabsichtigten Aussage und der Art des Motivs ab.

Um die seitliche Perspektive erfolgreich anzuwenden, experimentiere mit verschiedenen Blickwinkeln, Abständen und Einstellungen. Bewege dich um das Motiv herum, um den besten Winkel zu finden, der die gewünschte visuelle Wirkung erzeugt. Nutze auch die Möglichkeit, die Kameraeinstellungen anzupassen, um die Schärfentiefe und Belichtung deinen Vorstellungen anzupassen.

Die seitliche Perspektive bietet eine Vielzahl von Möglichkeiten, um spannende und ästhetisch ansprechende Fotos auf Instagram zu erstellen. Indem du dich bewusst für eine seitliche Perspektive entscheidest und die Elemente im Bildrahmen geschickt anordnest, kannst du einzigartige

Bilder schaffen, die das Interesse und die Aufmerksamkeit der Betrachter auf sich ziehen.

SCHRÄGE PERSPEKTIVE:

Die schräge Perspektive ist eine fotografische Technik, bei der das Motiv in einem bestimmten Winkel oder mit einer Neigung zum Bildrahmen positioniert wird. Durch die bewusste Verwendung dieser Perspektive kannst du Bewegung, Dynamik und Spannung in deine Fotos bringen.

Die schräge Perspektive wird oft verwendet, um eine bestimmte Stimmung oder Atmosphäre zu erzeugen. Sie kann eine gewisse Unruhe oder Unausgeglichenheit vermitteln und das Bild lebendiger wirken lassen. Indem du das Motiv schräg im Bildrahmen platzierst, erzeugst du eine visuelle Spannung und sorgst dafür, dass das Auge des Betrachters automatisch auf das Motiv gelenkt wird.

Eine schräge Perspektive eignet sich besonders gut für Aufnahmen, die Bewegung oder Action darstellen. Zum Beispiel kann sie verwendet werden, um Sportler in Aktion, Tanzperformances oder schnelle Fahrzeuge abzubilden. Durch die Neigung des Motivs im Bildrahmen wird eine dynamische Wirkung erzeugt, die die Bewegung betont und dem Bild eine gewisse Energie verleiht.

Darüber hinaus kann die schräge Perspektive auch verwendet werden, um ein Gefühl von Unkonventionalität oder Originalität zu vermitteln. Sie bricht mit der gewohnten Horizontalität und fügt dem Bild eine gewisse Schrägheit hinzu. Dadurch kann sie das Motiv interessanter und auffälliger machen, da es aus einer ungewöhnlichen Perspektive betrachtet wird.

Es ist wichtig zu beachten, dass die schräge Perspektive bewusst eingesetzt werden sollte und nicht willkürlich angewendet werden sollte. Überlege dir vor der Aufnahme, wie die Neigung des Motivs die Wirkung des Bildes verstärken kann. Achte darauf, dass der Neigungswinkel sorgfältig gewählt wird, um das gewünschte visuelle Ergebnis zu erzielen. Eine zu starke Neigung kann das Bild überladen oder unharmonisch wirken lassen, während eine subtile Neigung eine subtile Wirkung erzeugt.

Die schräge Perspektive kann sowohl in der Naturfotografie als auch in der Architekturfotografie, Straßenfotografie, Porträtfotografie und vielen anderen Genres angewendet werden. Es ist eine Technik, die dir dabei helfen kann, deinen fotografischen Stil zu erweitern und deine Bilder interessanter und dynamischer zu gestalten.

Experimentiere mit verschiedenen Neigungswinkeln und beobachte, wie sich die visuelle Wirkung des Bildes verändert. Spiele mit Linien, Formen und Elementen im Bild, um die schräge Perspektive zu betonen und eine visuelle Spannung zu erzeugen. Durch die bewusste Anwendung dieser Technik kannst du einzigartige und ansprechende Fotos auf Instagram präsentieren.

Schlusswort:

Die Auswahl des richtigen Blickwinkels und der Perspektive ist entscheidend, um die gewünschte Wirkung und Aussagekraft deiner Fotos zu erzielen. Indem du bewusst verschiedene Perspektiven einsetzt, wie die Augenhöhe, Vogelperspektive, Froschperspektive, seitliche Perspektive oder schräge Perspektive, kannst du die visuelle Darstellung deiner Motive beeinflussen und eine interessante Komposition schaffen. Experimentiere mit unterschiedlichen Blickwinkeln und Perspektiven, um deine fotografischen Fähigkeiten zu erweitern und einzigartige Bilder auf Instagram zu teilen.

2.4 AUSRÜSTUNG FÜR INSTAGRAM-FOTOGRAFIE:

Obwohl Instagram vor allem für die Nutzung von Smartphones bekannt ist, kann auch der Einsatz von Kameras und zusätzlicher Ausrüstung zu beeindruckenden Ergebnissen führen. Wir werden über die Vor- und Nachteile von Smartphones und Kameras sprechen und welche Ausrüstungsoptionen dir zur Verfügung stehen. Zusätzlich werden wir über nützliche Accessoires wie Stativ, Objektive und externe Blitzgeräte sprechen.

KAMERA:

Eine Kamera ist ein unverzichtbares Werkzeug für die Fotografie. Sie ermöglicht es, Momente festzuhalten, Erinnerungen zu bewahren und kreative Visionen umzusetzen. In der Instagram-Fotografie gibt es verschiedene Arten von Kameras, die von den professionellen DSLRs bis hin zu den praktischen Smartphones reichen. Hier ist eine ausführliche Beschreibung der verschiedenen Aspekte einer Kamera:

KAMERATYPEN:

Digitale Spiegelreflexkamera (DSLR):
Eine DSLR-Kamera bietet eine hohe Bildqualität, einen optischen Sucher und eine Vielzahl von manuellen Einstellungsmöglichkeiten. Sie besteht aus einem Kameragehäuse und verschiedenen Wechselobjektiven, die je nach Bedarf ausgetauscht werden können. DSLRs ermöglichen es Fotografen, die Belichtung, den Fokus und andere Einstellungen manuell anzupassen. Sie sind

besonders für professionelle Fotografen beliebt, die maximale Kontrolle über ihre Aufnahmen wünschen.

Spiegellose Kameras:

Spiegellose Kameras bieten ähnliche Funktionen wie DSLRs, verzichten jedoch auf den Spiegelmechanismus. Dadurch sind sie in der Regel kompakter und leichter als DSLRs. Spiegellose Kameras haben elektronische Sucher und ermöglichen eine Echtzeit-Vorschau des Bildes. Sie bieten oft eine hohe Bildqualität und eine Vielzahl von Objektiven zur Auswahl. Spiegellose Kameras sind bei Fotografen beliebt, die eine gute Bildqualität und Flexibilität in einem kompakten Format suchen.

Kompaktkameras:

Kompaktkameras sind kleine, tragbare Kameras, die in der Regel über einen fest eingebauten Objektiv verfügen. Sie bieten eine einfache Bedienung und sind ideal für Gelegenheitsfotografen oder als Zweitkamera. Kompaktkameras sind oft mit automatischen Aufnahmemodi ausgestattet, die die Einstellungen für Belichtung, Fokus und Weißabgleich automatisch anpassen.

Smartphones:

Smartphones haben in den letzten Jahren enorme Fortschritte in Bezug auf ihre Kameratechnologie gemacht. Moderne Smartphones sind mit hochauflösenden Kameras, verschiedenen Aufnahmemodi, manuellen Einstellungsmöglichkeiten und einer Vielzahl von Fotobearbeitungs-Apps ausgestattet. Sie bieten eine praktische und sofortige Möglichkeit, Fotos aufzunehmen und direkt auf Instagram zu teilen. Smartphones sind bei vielen Instagram-Nutzern sehr beliebt, da sie immer griffbereit sind und qualitativ hochwertige Aufnahmen ermöglichen.

MEGAPIXEL UND BILDSENSOR:

Die Megapixel-Anzahl einer Kamera bezieht sich auf die Anzahl der Bildpunkte, die der Bildsensor erfassen kann. Eine höhere Megapixel-Zahl bedeutet im Allgemeinen eine höhere Auflösung und die Möglichkeit, größere Drucke anzufertigen oder Bilder zu zuschneiden, ohne an Qualität zu verlieren. Der Bildsensor ist das Herzstück einer Kamera und spielt eine entscheidende Rolle für die Bildqualität. Größere Bildsensoren haben in der Regel eine bessere Lichtempfindlichkeit und bieten eine höhere Dynamikbereich und weniger Bildrauschen.

BEDIENUNG UND EINSTELLUNGSMÖGLICHKEITEN:

Die Bedienung einer Kamera variiert je nach Modell und Hersteller. Einige Kameras bieten einfache automatische Aufnahmemodi für Anfänger, während andere umfangreiche manuelle Einstellungsmöglichkeiten für erfahrene Fotografen bieten. Die Möglichkeit, Belichtungszeit, Blende, ISO-Empfindlichkeit und Weißabgleich manuell einzustellen, ermöglicht es dem Fotografen, die volle Kontrolle über das Endergebnis zu haben. Eine benutzerfreundliche Benutzeroberfläche und leicht zugängliche Bedienelemente tragen zu einer angenehmen Nutzung der Kamera bei.

KONNEKTIVITÄT UND TEILEN VON FOTOS:

Moderne Kameras, insbesondere spiegellose Kameras und Smartphones, sind oft mit WLAN- oder Bluetooth-Konnektivität ausgestattet. Dies ermöglicht es, Fotos drahtlos auf ein mobiles Gerät oder einen Computer zu übertragen und sie sofort in sozialen Netzwerken wie Instagram zu teilen. Die Möglichkeit, Fotos direkt von der Kamera aus zu bearbeiten und zu teilen, macht den Workflow effizienter und bequemer.

Bei der Wahl einer Kamera für die Instagram-Fotografie ist es wichtig, deine individuellen Bedürfnisse, dein Budget und deine Erfahrungen zu berücksichtigen. Es gibt eine Vielzahl von Kameras auf dem Markt, die unterschiedliche Funktionen und Preiskategorien abdecken. Informiere dich gründlich über die technischen Daten, lies Bewertungen und teste die Kameras, wenn möglich, um sicherzustellen, dass sie deinen Anforderungen entsprechen. Letztendlich ist die Kamera ein Werkzeug, um deine kreativen Visionen umzusetzen, und es ist deine Kreativität und Fähigkeit als Fotograf, die den Unterschied macht.

OBJEKTIVE:

Objektive sind DIE entscheidende Komponente jeder Kameraausrüstung, da sie die Bildqualität, den Bildausschnitt und die kreativen Möglichkeiten einer Aufnahme maßgeblich beeinflussen. Hier ist eine ausführliche Beschreibung der verschiedenen Aspekte von Objektiven:

Brennweite:
Die Brennweite eines Objektivs bestimmt den Blickwinkel und den Vergrößerungsfaktor einer Aufnahme. Kurze Brennweiten, wie zum Beispiel Weitwinkelobjektive, erfassen einen großen Bildausschnitt und eignen sich gut für Landschafts-, Architektur- und Gruppenaufnahmen. Längere Brennweiten, wie Teleobjektive, vergrößern das Motiv und eignen sich für Porträts, Tierfotografie oder Sportaufnahmen, bei denen du einen größeren Abstand zum Motiv hast.

Festbrennweite vs. Zoomobjektiv:
Objektive können entweder eine Festbrennweite haben, was bedeutet, dass sie eine feste Brennweite haben, oder sie können ein Zoomobjektiv sein, das eine variable Brennweite

bietet. Festbrennweitenobjektive sind in der Regel kompakter, leichter und bieten oft eine bessere Bildqualität sowie eine größere maximale Blendenöffnung. Zoomobjektive hingegen bieten mehr Flexibilität in Bezug auf den Bildausschnitt und ermöglichen es dir, verschiedene Brennweiten abzudecken, ohne das Objektiv wechseln zu müssen.

Blendenöffnung:

Die Blendenöffnung eines Objektivs bestimmt die Lichtmenge, die in die Kamera gelangt, und beeinflusst die Schärfentiefe eines Fotos. Eine größere Blendenöffnung (kleinere Blendenzahl wie f/1.8) ermöglicht eine geringe Schärfentiefe und erzeugt einen unscharfen Hintergrund, was sich gut für Porträts oder künstlerische Aufnahmen eignet. Eine kleinere Blendenöffnung (größere Blendenzahl wie f/16) erzeugt eine größere Schärfentiefe und ist ideal für Landschaftsaufnahmen, bei denen du eine größere Tiefenschärfe möchtest.

Bildstabilisierung:

Einige Objektive verfügen über eine Bildstabilisierungstechnologie, die Verwacklungen minimiert und es dir ermöglicht, bei längeren Verschlusszeiten aus der Hand zu fotografieren. Dies ist besonders nützlich bei Aufnahmen in schwachem Licht oder wenn du mit längeren Brennweiten arbeitest. Die Bildstabilisierung kann entweder im Objektiv selbst oder im Kameragehäuse integriert sein.

Qualität und Konstruktion:

Die Qualität eines Objektivs ist ein entscheidender Faktor für die Bildqualität deiner Fotos. Hochwertige Objektive verwenden hochwertige Optik und Linsenbeschichtungen, um Verzerrungen, Vignettierungen und chromatische Aberrationen zu minimieren. Zudem spielen auch die Materialien und die Verarbeitung des Objektivs eine Rolle für die Langlebigkeit und Zuverlässigkeit.

Kompatibilität:

Es ist wichtig sicherzustellen, dass das Objektiv mit deiner Kamera kompatibel ist. Nicht alle Objektive passen zu allen Kameras, insbesondere wenn es sich um verschiedene Marken oder Befestigungssysteme handelt. Achte darauf, dass das Objektiv mit dem Befestigungssystem deiner Kamera kompatibel ist, bevor du es kaufst.

Die Auswahl der richtigen Objektive hängt von deinem fotografischen Stil, deinen Vorlieben und deinem Budget ab. Es empfiehlt sich, verschiedene Objektive auszuprobieren und ihre Eigenschaften und Wirkungen zu verstehen, um die besten Ergebnisse zu erzielen.

STATIV:

Ein Stativ ist ein unverzichtbares Werkzeug in der Fotografie, einschließlich der Instagram-Fotografie. Es bietet Stabilität und ermöglicht verwacklungsfreie Aufnahmen, insbesondere in Situationen mit wenig Licht, bei Langzeitbelichtungen oder bei Selbstporträts. Hier ist eine ausführliche Beschreibung des Stativs und seiner verschiedenen Aspekte:

Stabilität und Aufbau:

Ein Stativ besteht in der Regel aus drei Hauptkomponenten: den Beinen, dem Stativkopf und der Mittelsäule. Die Beine bestehen aus mehreren Segmenten, die sich ausziehen und in der Höhe verstellen lassen. Sie sind normalerweise aus Aluminium oder Carbon gefertigt, wobei Carbon eine leichtere und stabilere Option ist. Die Beine sind mit Verriegelungsmechanismen ausgestattet, die sicherstellen, dass das Stativ stabil und sicher steht.

Höhenverstellbarkeit:

Die meisten Stative bieten die Möglichkeit, die Höhe anzupassen. Sie können je nach Modell eine minimale Höhe von etwa 30 cm und eine maximale Höhe von über 1,5 Metern haben. Die Höhenverstellbarkeit ermöglicht es dir, die gewünschte Perspektive einzunehmen und das Motiv in der gewünschten Höhe zu positionieren.

Stativkopf:

Der Stativkopf ist die obere Komponente des Stativs, an der die Kamera befestigt wird. Es gibt verschiedene Arten von Stativköpfen, darunter Kugelköpfe, Neiger und Schwenkköpfe. Jeder Kopf hat seine eigenen Vor- und Nachteile, und die Wahl hängt von deinen persönlichen Vorlieben und Anforderungen ab. Der Stativkopf ermöglicht es dir, die Kamera zu drehen, zu neigen und zu fixieren, um den gewünschten Bildausschnitt zu erreichen.

Tragbarkeit:

Ein wichtiger Faktor bei der Auswahl eines Stativs ist die Tragbarkeit. Wenn du das Stativ häufig mitnehmen möchtest, achte auf ein leichtes und kompaktes Modell. Es gibt auch spezielle Reisestative, die besonders kompakt zusammengeklappt werden können und sich gut für unterwegs eignen.

Stabilität und Gewichtsbelastung:

Die Stabilität des Stativs ist entscheidend, um sicherzustellen, dass deine Kamera sicher und stabil positioniert ist. Achte auf die Stabilität der Beine und den Materialaufbau des Stativs. Zudem solltest du die maximale Gewichtsbelastung des Stativs berücksichtigen, um sicherzustellen, dass es deine Kamera und eventuelles Zubehör problemlos tragen kann.

Zusätzliche Funktionen:

Einige Stative bieten zusätzliche Funktionen wie eine Wasserwaage zur Überprüfung der Ausrichtung, abnehmbare Mittelsäulen für bodennahe Aufnahmen oder Haken an der Mittelsäule, um zusätzliches Gewicht für zusätzliche Stabilität zu befestigen.

Verwendung von Stativen:

Stative werden in verschiedenen Situationen eingesetzt. Zum Beispiel sind sie ideal für Langzeitbelichtungen, bei denen eine ruhige Kameraführung erforderlich ist. Auch bei der Aufnahme von Landschaften, Nachtaufnahmen, Makrofotografie oder Gruppenaufnahmen können Stative äußerst hilfreich sein. Darüber hinaus ermöglichen sie es dir, die Kamera stabil zu positionieren und dich selbst in das Bild einzubeziehen, wenn du Selbstporträts aufnimmst.

Ein Stativ ist ein wertvolles Werkzeug für die Instagram-Fotografie, da es dir ermöglicht, stabile und hochwertige Aufnahmen zu machen. Es ist wichtig, ein Stativ auszuwählen, das deinen Anforderungen entspricht, sei es in Bezug auf Stabilität, Tragbarkeit oder zusätzliche Funktionen.

ZUSÄTZLICHES ZUBEHÖR:

Zusätzliches Zubehör kann einen erheblichen Einfluss auf die Qualität und den kreativen Ausdruck deiner Fotos haben. Hier sind einige wichtige Zubehörteile, die dir helfen können, deine Instagram-Fotografie auf das nächste Level zu bringen:

Externer Blitz:

Ein externer Blitz ermöglicht es dir, bei schlechten Lichtverhältnissen zusätzliches Licht in deine Fotos einzuführen. Er kann das Motiv aufhellen, Schatten reduzieren und eine gleichmäßige Ausleuchtung gewährleisten. Einige externe Blitzgeräte bieten auch die

Möglichkeit, das Licht zu diffundieren oder zu steuern, um kreative Effekte zu erzielen.

Filter:

Filter sind eine großartige Möglichkeit, deine Fotos direkt während der Aufnahme zu beeinflussen. Es gibt verschiedene Arten von Filtern, wie zum Beispiel Polarisationsfilter, Neutraldichtefilter (ND-Filter), Grauverlaufsfilter und Farbfilter. Jeder Filter hat eine spezifische Funktion, wie das Reduzieren von Blendung, das Verstärken von Kontrasten oder das Hinzufügen von kreativen Effekten. Sie können die Stimmung und Ästhetik deiner Bilder erheblich verbessern.

Fernauslöser:

Ein Fernauslöser ermöglicht es dir, die Kamera aus der Entfernung auszulösen, ohne sie physisch berühren zu müssen. Dies ist besonders nützlich für Langzeitbelichtungen oder Selbstporträts, bei denen du die Kamera stabil halten möchtest. Fernauslöser gibt es in kabelgebundener oder drahtloser Form, und einige bieten zusätzliche Funktionen wie Intervallaufnahmen oder Zeitrafferaufnahmen.

Taschen und Rucksäcke:

Um deine Ausrüstung sicher zu transportieren und vor Beschädigungen zu schützen, ist eine hochwertige Kameratasche oder ein Kamerarucksack unerlässlich. Wähle eine Tasche, die ausreichend Platz für deine Kamera, Objektive, Filter und Zubehör bietet und gleichzeitig bequem und gut gepolstert ist. Achte auch auf wasserabweisende Eigenschaften, um deine Ausrüstung vor den Elementen zu schützen.

Zusätzliche Akkus und Speicherkarten:

Es ist immer ratsam, zusätzliche Akkus und Speicherkarten bei sich zu haben, um sicherzustellen, dass du genügend Energie und Speicherplatz für deine Aufnahmen hast. Insbesondere bei längeren Fotoausflügen oder Reisen solltest du sicherstellen, dass du genügend Ersatzakkus und Speicherkarten dabei hast, um keine wichtigen Momente zu verpassen.

Die Wahl des richtigen Zubehörs hängt von deinem individuellen fotografischen Stil und deinen Anforderungen ab. Es ist wichtig, das Zubehör auszuwählen, das am besten zu deiner Kamera und deinem kreativen Ausdruck passt. Experimentiere mit verschiedenen Zubehörteilen, um neue Möglichkeiten zu entdecken und deinen fotografischen Horizont zu erweitern.

BILDBEARBEITUNGSSOFTWARE:

Bildbearbeitungssoftware spielt eine entscheidende Rolle in der Instagram-Fotografie, um Fotos zu optimieren, zu verfeinern und einen individuellen Look zu erzeugen. Es gibt eine Vielzahl von Bildbearbeitungsprogrammen und Apps, die unterschiedliche Funktionen und Möglichkeiten bieten. Hier sind einige wichtige Aspekte der Bildbearbeitungssoftware:

Adobe Lightroom:
Adobe Lightroom ist eine der bekanntesten und am häufigsten verwendeten Bildbearbeitungssoftware für Fotografen. Es bietet eine breite Palette von Werkzeugen und Funktionen zur Farbkorrektur, Kontrastanpassung, Schärfung, Rauschreduzierung und mehr. Lightroom ermöglicht nicht-destruktive Bearbeitungen, bei denen das Originalfoto erhalten bleibt und Änderungen in Form von Anpassungen und Einstellungen gespeichert werden.

Photoshop:
Adobe Photoshop ist ein leistungsstarkes Bildbearbeitungsprogramm mit umfangreichen Funktionen für fortgeschrittene Bearbeitungen und kreative Manipulationen. Es ermöglicht die Retusche von Haut, das Entfernen von

Objekten, das Erstellen von Collagen, das Hinzufügen von Text und vieles mehr. Photoshop bietet eine Vielzahl von Werkzeugen und Ebenen, um präzise und anspruchsvolle Bearbeitungen vorzunehmen.

Capture One:

Capture One ist eine professionelle Bildbearbeitungssoftware, die besonders bei Fotografen beliebt ist, die mit RAW-Dateien arbeiten. Es bietet fortschrittliche Bearbeitungswerkzeuge, Farbmanagementfunktionen und eine benutzerfreundliche Oberfläche. Capture One ermöglicht detaillierte Anpassungen von Belichtung, Weißabgleich, Farbtönen und mehr, um eine präzise Kontrolle über das Endergebnis zu gewährleisten.

Adobe Photoshop Express:

Adobe Photoshop Express ist eine mobile App für iOS und Android, die eine vereinfachte Version von Adobe Photoshop bietet. Es ist benutzerfreundlich und ermöglicht grundlegende Bearbeitungen wie zuschneiden, drehen, Belichtung anpassen, Filter anwenden und mehr. Photoshop Express ist eine praktische Option für die Bearbeitung von Fotos direkt auf dem Smartphone.

VSCO:

VSCO ist eine beliebte Bildbearbeitungs-App für mobile Geräte, die sich durch ihre umfangreiche Auswahl an hochwertigen Filtern auszeichnet. Die App bietet auch grundlegende Bearbeitungswerkzeuge wie Belichtung, Kontrast, Sättigung und Schärfe. VSCO ermöglicht es Benutzern, ihren Fotos einen individuellen und ästhetischen Look zu verleihen und ihre Bilder in einer eigenen Galerie zu präsentieren.

Luminar Neo:

Luminar Neo ist eine fortschrittliche Bildbearbeitungssoftware, die eine breite Palette von Werkzeugen und Funktionen bietet. Mit Luminar Neo kannst du nicht nur grundlegende Bearbeitungen wie Belichtung, Kontrast und Farbkorrekturen vornehmen, sondern auch komplexe Bearbeitungen wie Compositing, Retusche, den Austausch von Himmeln und vieles mehr durchführen. Die Software zeichnet sich durch ihre leistungsstarken künstlichen Intelligenz (KI)-basierten Werkzeuge aus, die automatische Verbesserungen und kreative Effekte ermöglichen. Mit Luminar Neo kannst du deine Fotos auf ein neues Level bringen und deiner Kreativität freien Lauf lassen.

Wichtig ist, dass die Wahl der Bildbearbeitungssoftware von persönlichen Vorlieben, dem gewünschten Bearbeitungsumfang und den individuellen Anforderungen abhängt. Es ist ratsam, verschiedene Programme und Apps auszuprobieren und diejenigen zu finden, die am besten zu deinem Workflow und deinem Stil passen. Achte darauf, dass du die Bearbeitungen immer subtil und geschmackvoll durchführst, um die Qualität deiner Fotos zu verbessern und gleichzeitig deren Natürlichkeit zu bewahren.

SPEICHERKARTEN UND BACKUPS:

Stelle sicher, dass du ausreichend Speicherkapazität auf deinen Speicherkarten hast, um genügend Fotos aufnehmen zu können. Es ist auch ratsam, regelmäßige Backups deiner Fotos anzulegen, um möglichen Datenverlust zu vermeiden. Verwende entweder externe Festplatten, Cloud-Speicher oder andere Backup-Lösungen.

Wichtig ist, dass die Ausrüstung nicht allein über die Qualität deiner Fotos entscheidet. Die Fähigkeiten und Kreativität des Fotografen spielen eine ebenso wichtige Rolle. Nutze deine Ausrüstung, um dein fotografisches

Potential auszuschöpfen und deinen eigenen Stil auf Instagram zu entwickeln.

Experimentiere, lerne und verbessere kontinuierlich deine fotografischen Fähigkeiten, unabhängig von der Art der Ausrüstung, die du verwendest. Die Ausrüstung ist letztendlich nur ein Werkzeug, um deine kreativen Visionen umzusetzen. Hierzu kannst du auch mein Buch „Name meines Buches" nutzen. Sei neugierig, erkunde neue Möglichkeiten und entdecke die Vielfalt der Instagram-Fotografie.

2.5 DER EINFLUSS DES BILDFORMATS:

Instagram bietet verschiedene Bildformate an, wie zum Beispiel das quadratische Format, das horizontale und das vertikale Format. Wir werden über die Auswirkungen des Bildformats auf die Präsentation und den visuellen Eindruck deiner Fotos sprechen. Du wirst lernen, wie du das richtige Format für deine Bilder auswählst und welches Format am besten zu deinem Inhalt passt.

Auf Instagram spielen das Bildformat und die Bildauflösung eine wichtige Rolle, um sicherzustellen, dass deine Fotos optimal im Feed angezeigt werden und eine hohe visuelle Qualität beibehalten.

Hier sind einige Punkte, die den Einfluss des Bildformats auf Instagram und den Instagram-Algorithmus beschreiben:

KOMPRIMIERUNG AUF 1080 PIXEL KÜRZESTE KANTE:

Die Komprimierung auf 1080 Pixel kürzeste Kante bezieht sich auf die Anpassung der Bildgröße auf Instagram. Instagram verwendet standardmäßig eine maximale Bildgröße von 1080 Pixeln auf der kürzesten Kante, um eine effiziente Übertragung und Anzeige der Bilder auf verschiedenen Geräten zu gewährleisten.

Hier ist eine ausführliche Beschreibung der Komprimierung auf 1080 Pixel kürzeste Kante:

Bildgröße und -qualität:

Instagram-Komprimierung: Beim Hochladen eines Fotos auf Instagram wird das Bild automatisch auf eine maximale Größe von 1080 Pixeln auf der kürzesten Kante komprimiert. Dies bedeutet, dass das Bild in der Breite oder Höhe auf 1080 Pixel reduziert wird, während das Seitenverhältnis beibehalten wird. Diese Komprimierung ermöglicht eine schnellere Übertragung der Bilder und eine effiziente Nutzung des Speicherplatzes auf den Servern von Instagram.

Auswirkungen auf die Bildqualität:

Die Komprimierung auf 1080 Pixel kann zu einer leichten Verschlechterung der Bildqualität führen, insbesondere bei hochauflösenden Fotos. Details können etwas weniger scharf erscheinen und es kann zu einem geringfügigen Verlust von Farbinformationen kommen. Es ist wichtig, dass du deine Fotos entsprechend vorbereitest, um sicherzustellen, dass sie auch nach der Komprimierung auf Instagram gut aussehen.

Vorbereitung der Bilder für Instagram:

Bildbearbeitung: Bevor du ein Foto auf Instagram hochlädst, solltest du es möglicherweise bearbeiten und optimieren. Stelle sicher, dass das Foto die gewünschten visuellen Effekte hat, die Belichtung und Farben korrekt sind und es gut komponiert ist. Du kannst verschiedene

Bildbearbeitungsprogramme oder Apps verwenden, um diese Anpassungen vorzunehmen.

Skalierung auf 1080 Pixel:

Um sicherzustellen, dass dein Foto auf Instagram gut angezeigt wird, ist es ratsam, es auf eine Größe von 1080 Pixeln auf der kürzesten Kante zu skalieren. Dies kannst du mit Bildbearbeitungsprogrammen oder Apps deiner Wahl durchführen. Beachte jedoch, dass bei der Skalierung das Seitenverhältnis beibehalten werden sollte, um ein Verzerren des Bildes zu vermeiden.

Einfluss auf die Darstellung auf Instagram:

Geräteübergreifende Konsistenz: Durch die Komprimierung auf 1080 Pixel kürzeste Kante wird sichergestellt, dass deine Fotos auf verschiedenen Geräten, einschließlich Smartphones, Tablets und Computern, konsistent und gut dargestellt werden. Dies ermöglicht es den Instagram-Nutzern, deine Bilder in hoher Qualität und ohne Probleme mit der Bildgröße anzusehen.

Schnelle Übertragung:

Die Komprimierung auf 1080 Pixel ermöglicht eine schnellere Übertragung der Bilder auf Instagram. Dies ist wichtig, um eine reibungslose Benutzererfahrung sicherzustellen, insbesondere wenn viele Fotos hochgeladen und angezeigt werden.

AUTOMATISCHE KOMPRIMIERUNG HÖHERER AUFLÖSUNGEN:

Wenn du Fotos mit einer höheren Auflösung als 1080 Pixel an der kürzesten Kante hochlädst, wird der Instagram-Algorithmus dies erkennen und das Foto automatisch auf die empfohlene Auflösung komprimieren. Dies geschieht, um die Dateigröße zu reduzieren und die Ladezeit zu optimieren. Dabei kann es zu einem leichten Qualitätsverlust kommen.

OPTIMALE FORMATE:

Die optimalen Bildformate für Instagram sind das quadratische Format (1:1), das vertikale Format (4:5) und das horizontale Format (5:4). Diese Formate passen gut zum Instagram-Feed und sorgen dafür, dass deine Fotos vollständig angezeigt werden, ohne dass Teile des Bildes abgeschnitten werden. Das quadratische Format wird oft für allgemeine Fotos verwendet, während das vertikale Format gut für Porträts oder längliche Bilder geeignet ist.

AUSWIRKUNGEN AUF DEN ALGORITHMUS:

Instagrams Algorithmus berücksichtigt verschiedene Faktoren, um zu entscheiden, welche Beiträge im Feed eines Benutzers angezeigt werden. Die Qualität der Bilder ist einer dieser Faktoren. Wenn deine Fotos eine gute Bildqualität aufweisen und den Empfehlungen von Instagram entsprechen (z. B. Komprimierung auf 1080 Pixel kürzeste Kante), haben sie eine höhere Chance, im Feed prominenter platziert zu werden und eine größere Reichweite zu erzielen.

Es ist wichtig zu beachten, dass Instagram ständig Updates an seinem Algorithmus vornimmt, um die Benutzererfahrung zu verbessern. Daher ist es ratsam, sich über aktuelle Empfehlungen von Instagram bezüglich Bildformat und Auflösung auf dem Laufenden zu halten, um die bestmögliche Präsentation und Qualität deiner Fotos auf Instagram zu gewährleisten.

Schlusswort:

Die Beherrschung der Grundlagen der Fotografie ist entscheidend, um hochwertige Fotos auf Instagram hochladen zu können. Durch das Verständnis von Licht, Komposition, Perspektive und der richtigen Ausrüstung kannst du deine fotografischen Fähigkeiten verbessern und beeindruckende Bilder erstellen. In den nächsten Kapiteln werden wir uns mit der Bearbeitung deiner Fotos, dem Storytelling und anderen fortgeschrittenen Techniken beschäftigen, um deine Instagram-Fotografie auf das nächste Level zu bringen.

KAPITEL 3: BILDBEARBEITUNG FÜR BEEINDRUCKENDE INSTAGRAM-FOTOS

Einleitung:

Die Bildbearbeitung spielt eine entscheidende Rolle bei der Erstellung beeindruckender Instagram-Fotos. In diesem Kapitel werden wir über verschiedene Aspekte der Bildbearbeitung sprechen, angefangen von grundlegenden Anpassungen bis hin zu fortgeschrittenen Techniken, um deine Fotos zum Strahlen zu bringen und deinen individuellen Stil zu entwickeln.

3.1 GRUNDLEGENDE BILDANPASSUNGEN:

Wir werden über grundlegende Anpassungen sprechen, die deine Fotos verbessern können, wie Belichtung, Kontrast, Farbsättigung und Schärfe. Du wirst lernen, wie du diese Einstellungen in Bildbearbeitungs-Apps oder Software anwendest, um das Beste aus deinen Aufnahmen herauszuholen und ihnen mehr Tiefe und Lebendigkeit zu verleihen.

BELICHTUNG:

Die Belichtung ist ein Schlüsselfaktor für die Qualität eines Fotos. Wenn ein Bild unterbelichtet ist, wirkt es dunkel und Details gehen verloren. Wenn es überbelichtet ist, sind helle Bereiche überzeichnet und es fehlt an Kontrast. Mit den richtigen Werkzeugen zur Belichtungskorrektur kannst du die Helligkeit und den Kontrast des Bildes anpassen, um ein ausgewogenes Ergebnis zu erzielen.

Belichtungsmessung:
Die Belichtungsmessung misst die Helligkeit eines Motivs und hilft dabei, die richtige Belichtungseinstellung vorzunehmen. Es gibt verschiedene Methoden der Belichtungsmessung, darunter:

Matrixmessung/Mehrfeldmessung:
Die Kamera misst die Helligkeit an verschiedenen Punkten im Bild und berechnet basierend auf diesen Messungen eine optimale Belichtungseinstellung.

Spotmessung:

Die Kamera misst die Helligkeit an einem kleinen Punkt im Bild, in der Regel in der Mitte des Bildausschnitts. Diese Methode ist besonders nützlich, um die Belichtung für ein bestimmtes Motiv oder einen bestimmten Bereich festzulegen.

Mittenbetonte Messung:

Die Kamera misst die Helligkeit im Zentrum des Bildes und berücksichtigt diese Messung stärker als die Helligkeitswerte an den Rändern des Bildes.

Belichtungseinstellungen:

Die Belichtung wird durch drei Hauptfaktoren gesteuert:

Blende:

Die Blende ist die Öffnung in der Kamera, die den Lichteinfall reguliert. Eine größere Blendenöffnung (kleinere Blendenzahl) lässt mehr Licht in die Kamera und führt zu einer geringeren Schärfentiefe, während eine kleinere Blendenöffnung (größere Blendenzahl) weniger Licht einlässt und zu einer größeren Schärfentiefe führt.

Verschlusszeit:

Die Verschlusszeit bestimmt die Dauer, für die der Verschluss geöffnet bleibt, um das Licht auf den Bildsensor oder den Film zu lassen. Eine längere Verschlusszeit lässt mehr Licht ein und ist nützlich für Aufnahmen in dunklen Umgebungen oder für die Erfassung von Bewegungsunschärfe. Eine kürzere Verschlusszeit lässt weniger Licht ein und eignet sich für schnelle Bewegungen oder das Einfrieren von Action.

ISO-Empfindlichkeit:

Der ISO-Wert bestimmt die Lichtempfindlichkeit des Bildsensors. Ein niedriger ISO-Wert (z. B. ISO 100) ist ideal bei guten Lichtverhältnissen und liefert normalerweise eine bessere Bildqualität mit weniger Bildrauschen. Ein höherer ISO-Wert (z. B. ISO 800 oder höher) erhöht die Lichtempfindlichkeit des Sensors und ermöglicht das Fotografieren in dunkleren Umgebungen, kann jedoch zu mehr Bildrauschen führen.

Belichtungskorrektur:

Manchmal erkennt die Kamera die Lichtverhältnisse nicht korrekt oder du möchtest bewusst eine Über- oder Unterbelichtung erzeugen, um eine bestimmte Stimmung oder Effekte zu erzielen. In solchen Fällen kannst du die Belichtungskorrektur verwenden, um die Belichtung manuell anzupassen und das Bild heller oder dunkler zu machen.

Die richtige Belichtung ist entscheidend, um Details in den Schatten und Highlights zu erhalten, die richtige Farbwiedergabe sicherzustellen und eine insgesamt ausgewogene Belichtung zu erzielen. Es ist wichtig, mit den Belichtungseinstellungen zu experimentieren und die Auswirkungen auf das Bild zu verstehen, um die gewünschten Ergebnisse zu erzielen.

WEIßABGLEICH:

Der Weißabgleich bestimmt die Farbtemperatur eines Fotos. Je nach Lichtquelle können Bilder einen warmen Gelbstich oder einen kühlen Blaustich aufweisen. Durch die Anpassung des Weißabgleichs kannst du die Farbgebung korrigieren und natürlichere Ergebnisse erzielen. Es gibt verschiedene Möglichkeiten, den Weißabgleich anzupassen, entweder durch manuelle Einstellungen oder durch die Auswahl voreingestellter Optionen, die auf die Lichtbedingungen abgestimmt sind.

KONTRAST UND SÄTTIGUNG:

Der Kontrast beeinflusst den Unterschied zwischen den hellsten und dunkelsten Bereichen eines Fotos. Durch Anpassungen des Kontrasts kannst du die Bildtiefe erhöhen und Details hervorheben. Die Sättigung betrifft die Intensität der Farben im Bild. Du kannst die Sättigung erhöhen, um kräftigere und lebendigere Farben zu erzielen, oder sie reduzieren, um einen gedämpfteren Effekt zu erzielen.

SCHÄRFE UND RAUSCHUNTERDRÜCKUNG:

Die Schärfe eines Fotos beeinflusst die Klarheit und Detailgenauigkeit. Mit den Werkzeugen zur Schärfung kannst du die Kanten schärfer machen und die Bildschärfe verbessern. Gleichzeitig kann digitales Rauschen auftreten, insbesondere bei Aufnahmen mit höheren ISO-Werten. Durch die Rauschunterdrückung kannst du das störende Rauschen reduzieren und die Bildqualität verbessern.

BESCHNITT UND AUSRICHTUNG:

Der Beschnitt ermöglicht es dir, den Bildausschnitt anzupassen und unerwünschte Elemente zu entfernen. Du kannst das Seitenverhältnis ändern oder den Bildausschnitt zuschneiden, um die Komposition zu verbessern oder den Fokus auf bestimmte Bereiche zu legen. Die Ausrichtungsfunktion hilft dir dabei, das Bild zu drehen oder zu begradigen, falls es schief aufgenommen wurde.

Diese grundlegenden Bildanpassungen können mit Bildbearbeitungssoftware oder Apps vorgenommen werden. Beliebte Optionen sind Adobe Lightroom, Photoshop, Snapseed, VSCO und viele andere. Es ist wichtig zu beachten, dass diese Anpassungen subtil angewendet werden sollten, um ein natürliches und ausgewogenes Ergebnis zu erzielen.

3.2 FARBKORREKTUR UND WEIßABGLEICH:

Die korrekte Farbwiedergabe ist entscheidend für qualitativ hochwertige Fotos. Wir werden über den Weißabgleich sprechen und wie er dazu beitragen kann, natürliche Farben wiederzugeben. Außerdem werden wir über die Anpassung von Farbtönen und Farbtemperatur sprechen, um eine bestimmte Atmosphäre oder Stimmung zu erzeugen und deinen Fotos einen konsistenten Look zu verleihen.

BELICHTUNGSANPASSUNG:

Mit der Belichtungsanpassung kannst du die Helligkeit und den Kontrast eines Fotos anpassen. Wenn ein Foto unterbelichtet ist, kannst du es aufhellen, um mehr Details sichtbar zu machen. Ist es überbelichtet, kannst du die Helligkeit reduzieren, um Details in den überbelichteten Bereichen wiederherzustellen. Die Anpassung der Belichtung kann das gesamte Bild oder selektive Bereiche betreffen.

FARBKORREKTUR:

Die Farbkorrektur ermöglicht es, die Farbtöne und den Weißabgleich eines Fotos anzupassen. Du kannst die Farbtemperatur ändern, um warme oder kühle Stimmungen zu erzeugen. Außerdem kannst du die Sättigung anpassen, um die Intensität der Farben zu erhöhen oder zu verringern. Die Farbkorrektur hilft, das gewünschte Farbschema und die Stimmung eines Fotos zu erzielen.

KONTRAST- UND KLARHEITSOPTIMIERUNG:

Durch die Anpassung des Kontrasts kannst du die Tiefen und Lichter in einem Bild verstärken, um eine größere Dynamik zu erzeugen. Die Klarheitsoptimierung betont die Details in einem Foto, indem sie den Mikrokontrast erhöht. Dadurch werden Texturen und Strukturen deutlicher sichtbar.

RETUSCHE VON HAUTUNREINHEITEN UND FLECKEN:

Bei Porträtaufnahmen kann die Retusche von Hautunreinheiten und Flecken verwendet werden, um ein glatteres und makelloseres Erscheinungsbild der Haut zu erzielen. Dies beinhaltet das Entfernen von Pickeln, Narben, Falten und anderen Unregelmäßigkeiten. Vorsicht ist geboten, um ein natürliches Aussehen zu bewahren und nicht zu übertreiben.

ENTFERNUNG VON STÖRENDEN OBJEKTEN:

Manchmal können störende Objekte oder Personen das Hauptmotiv eines Fotos beeinträchtigen. In solchen Fällen kann die Retusche verwendet werden, um diese Objekte zu entfernen und das Bild sauberer und ansprechender zu machen. Dies erfordert jedoch eine präzise Bearbeitung, um sicherzustellen, dass keine Spuren der Entfernung sichtbar sind.

SCHÄRFEN UND RAUSCHUNTERDRÜCKUNG:

Das Schärfen hilft, die Klarheit und Details eines Fotos zu verbessern. Es kann insbesondere bei leicht unscharfen Aufnahmen oder bei Verwendung hoher ISO-Werte hilfreich sein. Die Rauschunterdrückung reduziert das digitale Rauschen, das bei Aufnahmen mit hoher ISO-Empfindlichkeit oder bei schlechten Lichtverhältnissen auftreten kann.

VIGNETTIERUNG UND FILTER:

Vignettierung kann verwendet werden, um den Fokus auf das Zentrum eines Fotos zu lenken, indem die Ränder abgedunkelt werden. Filter können angewendet werden, um spezielle Effekte wie Schwarz-Weiß-Konvertierung, Vintage-Stil, Farbverläufe und viele andere zu erzeugen.

Es ist wichtig zu beachten, dass die Bildbearbeitung und Retusche ein kreativer Prozess ist und von den persönlichen Vorlieben und dem gewünschten Stil des Fotografen abhängt. Ziel ist es, das Bild zu verbessern und die gewünschte visuelle Botschaft zu vermitteln, während gleichzeitig die Authentizität des ursprünglichen Motivs bewahrt wird.

3.4 KREATIVE EFFEKTE UND FILTER:

Die Verwendung von kreativen Effekten und Filtern kann deinen Fotos einen einzigartigen Look verleihen und deinen persönlichen Stil unterstreichen. Wir werden über verschiedene Effekte sprechen, wie Schwarz-Weiß-Konvertierung, Vignettierung, Körnung und Farbverläufe. Du wirst lernen, wie du diese Effekte gezielt einsetzt, um die gewünschte Wirkung zu erzielen, ohne dass sie die Hauptelemente deiner Fotos überwältigen.

FARB- UND TONEMAPPING-EFFEKTE:

Vintage: Dieser Effekt verleiht dem Bild eine nostalgische und ältere Ästhetik, indem er Kontrast und Sättigung reduziert und warme Farbtöne hinzufügt. Er erinnert oft an alte Filmfotos.

CROSS PROCESSING:

Dieser Effekt simuliert den Effekt des Kreuzentwickelns von Filmen, bei dem verschiedene chemische Prozesse angewendet werden. Er erzeugt ungewöhnliche Farbverschiebungen und erhöht den Kontrast.

MATTE:

Der matte Effekt reduziert den Kontrast und die Schärfe des Bildes, um ihm einen weichen und matten Look zu verleihen. Er eignet sich besonders gut für Porträts oder Aufnahmen mit einem romantischen Stil.

HIGH KEY:

Der High-Key-Effekt erhöht die Helligkeit und Belichtung des Bildes, um einen helleren und luftigeren Look zu erzeugen. Er wird oft in der Mode- und Beauty-Fotografie verwendet.

TEXTUR- UND KORN-EFFEKTE:

Filmkorn:
Dieser Effekt simuliert das Korn von Filmen und verleiht dem Bild eine raue und texturierte Qualität. Er kann helfen, eine analoge Film-Ästhetik zu erzeugen.

Struktur:
Dieser Effekt betont die Textur und Details im Bild, indem er sie verstärkt. Er kann besonders bei Aufnahmen von Natur,

Landschaften oder Architektur verwendet werden, um die Details hervorzuheben.

BOKEH:

Der Bokeh-Effekt erzeugt eine Unschärfe im Hintergrund, während das Hauptmotiv scharf bleibt. Er kann verwendet werden, um eine Tiefenunschärfe zu simulieren und den Fokus auf das Motiv zu lenken.

STILISIERTE FILTER:

Schwarzweiß:
Die Umwandlung eines Bildes in Schwarzweiß kann eine zeitlose und dramatische Wirkung erzeugen. Verschiedene Schwarzweiß-Filter bieten unterschiedliche Kontraste und Tonwerte.

Lomo:
Der Lomo-Effekt basiert auf den charakteristischen Eigenschaften von Lomo-Kameras, die Vignettierung, erhöhten Kontrast und lebendige Farben erzeugen. Dieser Effekt verleiht dem Bild einen retro-inspirierten Look.

HDR:

Der HDR-Effekt kombiniert mehrere Belichtungen desselben Motivs, um einen größeren Dynamikumfang zu erzielen. Er erhöht die Details in den Schatten und Lichtern und erzeugt ein ausgewogenes Bild.

Es ist wichtig zu beachten, dass die Verwendung von kreativen Effekten und Filtern subjektiv ist und vom individuellen Stil und Geschmack des Fotografen abhängt. Experimentiere mit verschiedenen Effekten und Filtern, um deinen eigenen Stil zu entwickeln und einzigartige Bilder auf Instagram zu teilen.

3.5 BATCH-BEARBEITUNG UND PRESETS:

Wenn du mehrere Fotos gleichzeitig bearbeiten möchtest, werden wir über die Batch-Bearbeitung sprechen, um Zeit zu sparen und eine konsistente Ästhetik für deine Instagram-Fotos zu gewährleisten. Außerdem werden wir über die Verwendung von Vorgaben (Presets) sprechen, die dir helfen können, einen bestimmten Look schnell auf deine Fotos anzuwenden und einen zusammenhängenden Feed zu erstellen.

BATCH-BEARBEITUNG:

Batch-Bearbeitung ermöglicht es dir, Bearbeitungseinstellungen wie Belichtung, Kontrast, Weißabgleich, Sättigung und Schärfe auf eine Gruppe von Fotos anzuwenden, anstatt jedes Foto einzeln zu bearbeiten. Dies spart Zeit und sorgt für eine konsistente Bearbeitung innerhalb einer Fotoserie.

Um eine Batch-Bearbeitung durchzuführen, musst du eine Bildbearbeitungssoftware verwenden, die diese Funktion unterstützt. In den meisten professionellen Bildbearbeitungsprogrammen wie Adobe Lightroom oder Capture One kannst du eine Gruppe von Fotos auswählen und dann Bearbeitungseinstellungen auf alle Fotos gleichzeitig anwenden. Dies kann durch das Kopieren und Einfügen von Einstellungen oder das Anwenden von Batch-Presets erreicht werden.

PRESETS:

Presets sind voreingestellte Bearbeitungseinstellungen, die du auf deine Fotos anwenden kannst. Sie werden oft von Fotografen, Bildbearbeitern oder anderen Kreativen erstellt und können verschiedene Looks, Stile oder Effekte erzeugen. Presets können für verschiedene Aspekte der Bildbearbeitung erstellt werden, einschließlich Farbgebung, Kontrast, Tonwertkurven, Vignettierung und mehr.

Die Verwendung von Presets kann dir helfen, einen konsistenten Look in deinen Fotos zu erzielen und deinem Instagram-Account einen einheitlichen Stil zu verleihen. Du kannst Presets entweder selbst erstellen, indem du Bearbeitungseinstellungen auf ein Foto anwendest und sie als Preset speicherst, oder du kannst Presets von anderen Fotografen oder Online-Marktplätzen herunterladen.

Um ein Preset anzuwenden, öffne einfach das gewünschte Foto in deiner Bildbearbeitungssoftware und wende das Preset an. Die Einstellungen werden automatisch auf das Foto angewendet, um den gewünschten Look zu erzeugen. Du kannst dann noch weitere Anpassungen vornehmen, um das Ergebnis weiter zu optimieren.

Batch-Bearbeitung und Presets sind äußerst praktische Werkzeuge, um den Bearbeitungsprozess zu beschleunigen und deine Fotos auf Instagram einheitlich und professionell aussehen zu lassen. Experimentiere mit verschiedenen Einstellungen und Presets, um deinen eigenen individuellen Stil zu entwickeln und deine Fotos ansprechend zu präsentieren.

ADOBE UND PRESETS:

Um Presets in Adobe-Programmen wie Adobe Lightroom oder Adobe Photoshop zu verwenden, folge diesen Schritten:

Adobe Lightroom:
Öffne Adobe Lightroom und importiere die Fotos, die du bearbeiten möchtest.

Gehe zur Entwicklungsmodul-Ansicht.

In der linken Seitenleiste findest du den Bereich "Vorgaben" oder "Preset-Browser". Klicke darauf, um ihn zu öffnen.

Klicke auf das "+"-Symbol neben dem Text "Vorgaben" oder "Preset-Gruppen", um eine neue Gruppe für deine Presets zu erstellen (optional).

Klicke mit der rechten Maustaste auf die erstellte Gruppe oder auf eine vorhandene Gruppe und wähle "Vorgaben importieren".

Navigiere zu dem Ordner, in dem sich das heruntergeladene Preset befindet, wähle es aus und klicke auf „Importieren".

Das Preset wird nun in Lightroom geladen und ist unter der entsprechenden Gruppe verfügbar.

Klicke auf ein Preset, um es auf das ausgewählte Foto anzuwenden. Du kannst auch mehrere Fotos auswählen und dann ein Preset anwenden, um die Bearbeitung auf alle ausgewählten Fotos gleichzeitig anzuwenden.

Nachdem das Preset angewendet wurde, kannst du weitere Anpassungen vornehmen, um das Ergebnis zu optimieren.

Adobe Photoshop:
Öffne Adobe Photoshop und lade das Foto, das du bearbeiten möchtest.

Klicke auf das Menü "Fenster" und wähle "Aktionen", um das Aktionen-Bedienfeld zu öffnen.

Klicke auf das kleine Symbol mit den vier horizontalen Linien in der oberen rechten Ecke des Bedienfelds und wähle "Aktionen laden".

Navigiere zu dem Ordner, in dem sich das heruntergeladene Preset befindet, wähle die Datei aus und klicke auf „Öffnen".

Das Preset wird nun im Aktionen-Bedienfeld angezeigt.
Klicke auf das Dreieck neben dem Namen des Presets, um die Aktion zu erweitern.

Klicke auf den Namen der Aktion, um sie auf das Foto anzuwenden.

Die Aktion führt automatisch die im Preset festgelegten Bearbeitungsschritte aus. Du kannst weitere Anpassungen vornehmen, um das Ergebnis zu optimieren.

Schlusswort:

Die Bildbearbeitung ist ein kreativer Prozess, der dir ermöglicht, das Beste aus deinen Fotos herauszuholen und deinen individuellen Stil auf Instagram zum Ausdruck zu bringen. Indem du grundlegende Anpassungen, Farbkorrektur, Retusche, kreative Effekte und Batch-Bearbeitungstechniken beherrschst, kannst du deine Fotos auf ein neues Level bringen. Im nächsten Kapitel werden wir über das Erzählen von Geschichten durch deine Instagram-Fotos sprechen und wie du eine zusammenhängende visuelle Narration erstellst.

KAPITEL 4: STORYTELLING DURCH INSTAGRAM-FOTOS

Einleitung:

Instagram bietet nicht nur eine Plattform, um schöne Bilder zu teilen, sondern auch die Möglichkeit, Geschichten zu erzählen. In diesem Kapitel werden wir darüber sprechen, wie du durch deine Instagram-Fotos eine zusammenhängende visuelle Narration erstellen kannst. Wir werden über die Bedeutung von Themen, Bildreihenfolge, Bildunterschriften und Story-Highlights sprechen, um deine Follower zu fesseln und eine bleibende Wirkung zu erzielen.

KAPITEL 4.1: DIE BEDEUTUNG VON HASHTAGS FÜR INSTAGRAM-FOTOS

Hashtags spielen eine wichtige Rolle auf Instagram, da sie dazu beitragen, die Sichtbarkeit und Reichweite deiner Fotos zu erhöhen. In diesem Kapitel werden wir die Bedeutung von Hashtags für Instagram-Fotos ausführlich besprechen.

Hier sind einige wichtige Punkte:
Definition von Hashtags:

Hashtags sind Schlagwörter oder Phrasen, die mit einem Doppelkreuz (#) gekennzeichnet sind. Sie werden in den Bildunterschriften oder Kommentaren unter einem Foto verwendet, um den Inhalt des Fotos zu beschreiben oder mit bestimmten Themen oder Kategorien zu verknüpfen.

Zum Beispiel: #Reise, #Food, #Mode.

ERHÖHTE SICHTBARKEIT UND REICHWEITE:

Die Verwendung relevanter Hashtags kann die Sichtbarkeit deiner Fotos auf Instagram erheblich verbessern. Wenn Nutzer nach bestimmten Hashtags suchen oder diese Hashtags verfolgen, haben sie die Möglichkeit, deine Fotos zu entdecken und möglicherweise deinem Profil zu folgen. Dadurch wird auch die Reichweite deiner Fotos erhöht.

ZIELGRUPPENANSPRACHE:

Hashtags ermöglichen es dir, deine Zielgruppe gezielt anzusprechen. Indem du relevante Hashtags verwendest, die zu deinem Foto und deinem Thema passen, erreichst du Menschen, die ein Interesse an diesem spezifischen Thema haben. Dadurch steigt die Wahrscheinlichkeit, dass sie sich für deine Fotos interessieren und mit ihnen interagieren.

VERWENDUNG DER RICHTIGEN HASHTAGS:

Es ist wichtig, die richtigen Hashtags für deine Fotos auszuwählen. Relevanz ist der Schlüssel. Verwende Hashtags, die genau beschreiben, worum es in deinem Foto geht und welche Art von Inhalten du teilst. Denke auch darüber nach, welche Hashtags deine Zielgruppe verwenden könnte, um ähnliche Inhalte zu suchen. Vermeide jedoch übermäßige Verwendung von Hashtags oder solche, die nicht zum Inhalt deines Fotos passen, da dies als Spam angesehen werden kann.

TRENDING HASHTAGS UND AKTUELLE THEMEN:

Eine Möglichkeit, mehr Aufmerksamkeit für deine Fotos zu generieren, besteht darin, Trending Hashtags und aktuelle Themen in deine Bildunterschriften einzubinden. Diese Hashtags sind oft populär und werden von vielen Nutzern verfolgt. Wenn dein Foto zu einem aktuellen Thema passt oder du eine relevante Geschichte zu erzählen hast, kann dies eine gute Gelegenheit sein, um organische Reichweite und Interaktionen zu erzielen.

HASHTAG-RECHERCHE:

Es lohnt sich, Zeit in die Hashtag-Recherche zu investieren. Suche nach relevanten Hashtags, die von deiner Zielgruppe verwendet werden, und analysiere, wie beliebt sie sind. Du kannst Tools wie Instagram's "Suche" oder Drittanbieter-Tools nutzen, um nach Hashtags zu suchen und ihre Beliebtheit und Aktualität zu überprüfen. Experimentiere mit verschiedenen Hashtags und beobachte, welche die besten Ergebnisse liefern.

KOMBINATION VON HASHTAGS UND MARKENIDENTITÄT:

Schließlich ist es wichtig, dass die verwendeten Hashtags auch deine Markenidentität und deine Fotostil reflektieren. Verwende Hashtags, die zu deinem Markennamen, deinem Slogan oder deinem einzigartigen Stil passen. Dadurch kannst du deine Marke auf Instagram stärken und eine konsistente Präsenz aufbauen.

Insgesamt sind Hashtags ein mächtiges Werkzeug, um die Sichtbarkeit, Reichweite und Interaktion deiner Instagram-Fotos zu steigern. Durch die gezielte Verwendung relevanter Hashtags kannst du deine Zielgruppe erreichen, mehr Menschen auf deine Fotos aufmerksam machen und dein Instagram-Wachstum fördern.

4.2: DIE BEDEUTUNG VON THEMEN UND KONZEPTEN

In diesem Kapitel werden wir ausführlich die Bedeutung von Themen und Konzepten für Instagram-Fotos diskutieren. Themen und Konzepte spielen eine wichtige Rolle, um eine kohärente und ansprechende Instagram-Präsenz aufzubauen.

Hier sind einige wichtige Punkte:

DEFINITION VON THEMEN UND KONZEPTEN:

Ein Thema oder Konzept ist ein übergeordnetes Motiv oder eine Idee, die deinen Instagram-Account und deine Fotos durchzieht. Es kann sich um bestimmte Interessen, Leidenschaften, Stile, Farbschemata, Muster oder andere gemeinsame Elemente handeln. Themen und Konzepte helfen dabei, deine Fotos zu organisieren und eine konsistente visuelle Ästhetik zu schaffen.

EINHEITLICHE VISUELLE ÄSTHETIK:

Die Verwendung eines bestimmten Themas oder Konzepts ermöglicht es dir, eine einheitliche visuelle Ästhetik in deinem Instagram-Account zu etablieren. Indem du dich auf bestimmte Farben, Muster oder Stile konzentrierst, schaffst du ein harmonisches Gesamtbild, das deine Marke oder deine Persönlichkeit repräsentiert. Dies hilft auch dabei, einen wiedererkennbaren und ansprechenden Instagram-Feed zu gestalten.

ZIELGRUPPENANSPRACHE:

Durch die Auswahl eines bestimmten Themas oder Konzepts kannst du gezielt deine Zielgruppe ansprechen. Indem du Inhalte teilst, die mit den Interessen und Vorlieben deiner Zielgruppe übereinstimmen, kannst du eine engagierte und treue Anhängerschaft aufbauen. Ein klar definiertes Thema kann dazu beitragen, dass sich Menschen mit deinem Account identifizieren und regelmäßig mit deinen Inhalten interagieren.

ERZÄHLEN EINER GESCHICHTE:

Themen und Konzepte bieten die Möglichkeit, eine Geschichte zu erzählen oder eine Botschaft zu vermitteln. Durch die Auswahl eines bestimmten Themas kannst du Fotos teilen, die miteinander verbunden sind und eine zusammenhängende Erzählung oder ein gemeinsames Konzept vermitteln. Dies kann dazu beitragen, dass deine Fotos für Betrachter interessanter und ansprechender werden.

KONSISTENZ UND WIEDERERKENNUNG:

Durch die konsequente Verwendung eines Themas oder Konzepts kannst du eine starke Markenidentität auf Instagram aufbauen. Betrachter werden deine Fotos leichter erkennen und mit deinem Account in Verbindung bringen. Konsistenz in Bezug auf Themen und Konzepte schafft Vertrauen und Glaubwürdigkeit, da deine Follower wissen, was sie von deinen Inhalten erwarten können.

KREATIVITÄT UND EXPERIMENTIERFREUDE:

Themen und Konzepte bedeuten nicht, dass du dich auf eine enge Nische beschränken musst. Im Gegenteil, sie können als Ausgangspunkt für Kreativität und Experimentierfreude dienen. Du kannst verschiedene Aspekte deines Themas erkunden, neue Perspektiven einnehmen und mit verschiedenen Stilen und Techniken spielen. Dadurch bleibst du interessant und inspirierend für deine Follower.

ANPASSUNG UND ENTWICKLUNG:

Themen und Konzepte können sich im Laufe der Zeit entwickeln und verändern. Es ist wichtig, flexibel zu bleiben und sich den Bedürfnissen und Interessen deiner Zielgruppe anzupassen. Du kannst neue Trends oder aktuelle Ereignisse in dein Thema integrieren oder dich mit der Zeit weiterentwickeln. Das Wichtigste ist, dass du deine Marke und deine Persönlichkeit authentisch repräsentierst.

Insgesamt spielen Themen und Konzepte eine entscheidende Rolle bei der Gestaltung eines ansprechenden Instagram-Accounts. Sie helfen dabei, eine visuelle Ästhetik zu schaffen, Zielgruppen anzusprechen, Geschichten zu erzählen und eine starke Markenidentität aufzubauen. Durch Konsistenz und Kreativität kannst du das Interesse und die Bindung deiner Follower stärken.

4.3 DIE MACHT DER BILDREIHENFOLGE:

Die Reihenfolge, in der du deine Fotos auf Instagram präsentierst, kann einen großen Einfluss auf die Erzählung haben. Wir werden über die Bedeutung einer durchdachten Bildreihenfolge sprechen und wie du eine visuelle Erzählung aufbaust, die die Aufmerksamkeit deiner Betrachter fesselt. Die Wahl der richtigen Abfolge kann Emotionen verstärken, Kontraste erzeugen und eine spannende Geschichte entfalten.

DER ERSTE EINDRUCK ZÄHLT:

Der erste Eindruck ist entscheidend, wenn es darum geht, neue Besucher auf dein Instagram-Profil aufmerksam zu machen. Die Art und Weise, wie deine Fotos angeordnet sind und welche als erstes sichtbar sind, kann den Unterschied machen, ob ein Besucher weiter durch dein Profil scrollt oder es sofort wieder verlässt. Die Bildreihenfolge hat also einen großen Einfluss darauf, wie dein Profil wahrgenommen wird.

ERZÄHLUNG UND VISUELLE KONTINUITÄT:

Die Bildreihenfolge ermöglicht es dir, eine Erzählung oder eine visuelle Geschichte zu erstellen. Indem du Fotos miteinander verbindest und eine logische Abfolge oder einen thematischen Zusammenhang schaffst, kannst du die Aufmerksamkeit der Betrachter halten und sie dazu ermutigen, tiefer in deine Inhalte einzutauchen. Eine gut durchdachte Bildreihenfolge schafft auch eine visuelle Kontinuität, die dein Profil ansprechend und professionell wirken lässt.

BETONUNG VON SCHLÜSSELFOTOS:

Du kannst bestimmte Fotos in deiner Bildreihenfolge hervorheben, indem du sie strategisch platzierst. Diese Schlüsselfotos können deine besten Arbeiten, deine Markenbotschaft oder spezielle Ankündigungen sein. Indem du sie an strategischen Positionen platzierst, wie zum Beispiel als erstes Foto in der Reihe oder als großes Quadrat in der Mitte des Profils, sorgst du dafür, dass sie sofort ins Auge fallen und eine starke Wirkung erzielen.

ÄSTHETIK UND HARMONIE:

Die Bildreihenfolge bietet dir die Möglichkeit, eine ästhetische Harmonie und Balance in deinem Profil zu schaffen. Indem du Farben, Stile, Kompositionen oder Themen in den aufeinanderfolgenden Fotos geschickt kombinierst, entsteht ein visuell ansprechendes Gesamtbild. Du kannst auch mit Kontrasten, Mustern oder rhythmischen Elementen experimentieren, um eine einzigartige visuelle Identität zu schaffen.

VORAUSSCHAUENDE PLANUNG:

Eine effektive Bildreihenfolge erfordert eine vorausschauende Planung. Es ist hilfreich, im Voraus zu überlegen, wie du deine Fotos anordnen möchtest und welche Geschichten oder Botschaften du über deine Bilder erzählen möchtest. Du kannst Tools wie Vorschaubearbeitungen oder externe Planungsanwendungen nutzen, um deine Bildreihenfolge im Voraus zu visualisieren und anzupassen.

EXPERIMENT UND ANPASSUNG:

Die Bildreihenfolge auf Instagram ist nicht in Stein gemeißelt. Du hast jederzeit die Möglichkeit, deine Reihenfolge anzupassen, neue Inhalte einzufügen oder alte Fotos zu entfernen. Nutze diese Flexibilität, um dein Profil kontinuierlich zu verbessern und anzupassen. Beobachte auch die Reaktionen und das Feedback deiner Community und passe deine Bildreihenfolge entsprechend an.

Die Macht der Bildreihenfolge auf Instagram sollte nicht unterschätzt werden. Eine gut durchdachte und ansprechende Bildreihenfolge kann dazu beitragen, mehr Aufmerksamkeit auf dein Profil zu lenken, deine Botschaft effektiver zu vermitteln und eine starke visuelle Identität aufzubauen. Nimm dir Zeit, um deine Bildreihenfolge zu planen und zu optimieren, um das volle Potenzial deines Instagram-Profils auszuschöpfen.

4.4 BILDUNTERSCHRIFTEN UND STORYTELLING:

Die Bildunterschriften spielen eine wichtige Rolle beim Storytelling auf Instagram. Wir werden über die Bedeutung von aussagekräftigen und ansprechenden Bildunterschriften sprechen, die deine Fotos ergänzen und zusätzliche Informationen oder Geschichten liefern. Du wirst lernen, wie du spannende Geschichten, Hintergrundinformationen oder persönliche Einblicke in deine Bildunterschriften einbringst, um eine tiefere Verbindung zu deinen Followern aufzubauen.

BEDEUTUNG VON BILDUNTERSCHRIFTEN:

Bildunterschriften ergänzen das visuelle Element eines Fotos, indem sie zusätzliche Informationen liefern oder die Betrachter dazu anregen, sich näher mit dem Bild auseinanderzusetzen. Sie bieten die Möglichkeit, Kontext, Gedanken, Geschichten oder Emotionen mit den Followern zu teilen. Eine gut geschriebene Bildunterschrift kann die Wirkung eines Fotos verstärken und eine tiefere Verbindung zu deiner Zielgruppe aufbauen.

STORYTELLING DURCH BILDUNTERSCHRIFTEN:

Bildunterschriften sind eine effektive Möglichkeit, eine Geschichte zu erzählen und die Betrachter einzubeziehen. Durch die Verwendung von detaillierten Beschreibungen, persönlichen Erfahrungen, interessanten Anekdoten oder Fragen kannst du deine Follower zum Nachdenken anregen und sie in einen Dialog mit dir einbeziehen. Das Storytelling in Bildunterschriften kann eine starke emotionale Reaktion hervorrufen und eine langfristige Bindung zu deiner Marke oder deinem Profil aufbauen.

LÄNGE UND STRUKTUR VON BILDUNTERSCHRIFTEN:

Die Länge und Struktur der Bildunterschriften können variieren. Es gibt keine strikten Regeln, aber es ist wichtig, den richtigen Ton und die passende Länge für den Inhalt zu finden. Manchmal reichen kurze und prägnante Bildunterschriften aus, um die Botschaft zu vermitteln, während andere Fotos längere Beschreibungen oder Geschichten erfordern. Experimentiere mit verschiedenen Stilen und finde heraus, was am besten zu deinen Fotos und deinem Publikum passt.

AUTHENTIZITÄT UND STIMME:

Bildunterschriften bieten die Möglichkeit, deine Persönlichkeit, Stimme und Markenidentität auszudrücken. Sei authentisch und ehrlich in deinen Beschreibungen und verwende eine Sprache, die zu dir und deinem Publikum passt. Überlege dir, welchen Ton du in deinen Bildunterschriften verwenden möchtest - humorvoll, informativ, inspirierend oder nachdenklich. Die Konsistenz deiner Stimme in den Bildunterschriften hilft dabei, eine Beziehung zu deinen Followern aufzubauen und sie regelmäßig zu engagieren.

CALL-TO-ACTIONS:

Bildunterschriften bieten eine gute Möglichkeit, deine Follower zu einer Handlung aufzufordern. Du kannst sie dazu ermutigen, einen Kommentar zu hinterlassen, das Foto mit Freunden zu teilen, dich zu taggen oder deine anderen Beiträge zu erkunden. Verwende Call-to-Actions, um das Engagement zu steigern und die Interaktionen mit deinem Instagram-Account zu fördern.

EMOTIONALE VERBINDUNG:

Bildunterschriften können eine starke emotionale Verbindung zu deinen Followern herstellen. Indem du persönliche Geschichten teilst, inspirierende Botschaften vermittelst oder deine Erfahrungen und Gefühle teilst, kannst du eine Brücke zwischen dir und deinem Publikum bauen. Nutze die Macht der Worte, um Emotionen hervorzurufen und deine Follower zu inspirieren oder zum Nachdenken anzuregen.

HASHTAGS UND VERLINKUNGEN:

In Bildunterschriften können auch Hashtags und Verlinkungen verwendet werden, um die Sichtbarkeit deiner Fotos zu erhöhen oder auf andere relevante Inhalte zu verweisen. Verwende Hashtags, die zu deinem Foto und deinem Thema passen, um mehr Menschen anzusprechen. Verlinke auch andere Instagram-Profile oder Websites, um Kooperationen zu fördern oder auf weiterführende Informationen hinzuweisen.

Die Verwendung von gut geschriebenen Bildunterschriften auf Instagram kann deine Fotos und deine Markenpräsenz auf eine neue Ebene bringen. Nutze die Möglichkeit, Geschichten zu erzählen, eine Verbindung herzustellen und deine Follower zu inspirieren. Experimentiere mit verschiedenen Stilen und finde heraus, welche Art von Bildunterschriften am besten zu deinen Fotos und deiner Zielgruppe passt.

4.5 DIE NUTZUNG VON INSTAGRAM STORY-HIGHLIGHTS:

Instagram Story-Highlights bieten eine großartige Möglichkeit, deine visuelle Erzählung fortzuführen und Highlights aus deinem Feed zu präsentieren. Wir werden darüber sprechen, wie du deine besten Fotos oder bestimmte Themen in deinen Story-Highlights hervorheben kannst. Du wirst lernen, wie du ansprechende Cover-Bilder erstellst und deine Story-Highlights strategisch nutzt, um eine zusammenhängende Geschichte zu erzählen.

DEFINITION VON INSTAGRAM STORY-HIGHLIGHTS:

Instagram Story-Highlights sind eine Sammlung von ausgewählten Instagram Stories, die dauerhaft auf deinem Profil angezeigt werden. Im Gegensatz zu normalen Instagram Stories, die nach 24 Stunden verschwinden, bleiben Story-Highlights auf deinem Profil sichtbar, solange du sie aktiv hältst.

BEDEUTUNG VON STORY-HIGHLIGHTS:

Story-Highlights bieten dir die Möglichkeit, wichtige Inhalte, Informationen oder Momentaufnahmen zu präsentieren, die du dauerhaft auf deinem Profil verfügbar machen möchtest. Es können Themen wie Produktvorstellungen, Tutorials, Behind-the-Scenes-Einblicke, Reisen, Events oder andere Highlights sein, die deine Follower interessieren könnten.

ERSTELLUNG VON STORY-HIGHLIGHTS:

Die Erstellung von Story-Highlights ist einfach. Du kannst bereits vorhandene Instagram Stories auswählen und sie zu deinen Highlights hinzufügen oder neue Stories speziell für deine Highlights erstellen. Gehe zu deinem Instagram-Profil, tippe auf das "+ Neue" unterhalb deiner Profilinformationen und wähle die gewünschten Stories aus oder erstelle neue. Du kannst jedem Highlight einen Titel geben und ein individuelles Coverbild auswählen, um es visuell ansprechender zu gestalten.

KATEGORISIERUNG VON STORY-HIGHLIGHTS:

Du kannst deine Story-Highlights in verschiedene Kategorien unterteilen, um deinem Profil eine bessere Struktur zu geben. Überlege dir im Voraus, welche Arten von Inhalten du hervorheben möchtest, und erstelle entsprechende Kategorien. Zum Beispiel könntest du separate Highlights für Reisen, Produkte, Tutorials, Behind-the-Scenes usw. erstellen. Dies erleichtert es deinen Followern, gezielt auf die Inhalte zuzugreifen, die sie interessieren.

ANORDNUNG UND REIHENFOLGE DER HIGHLIGHTS:

Du kannst die Reihenfolge deiner Highlights auf deinem Profil anpassen, indem du sie neu anordnest. Wähle einfach den "Bearbeiten"-Modus für deine Story-Highlights aus und ziehe sie in die gewünschte Reihenfolge. Dies ermöglicht es dir, deine Highlights strategisch zu organisieren und die wichtigsten Inhalte an vorderster Stelle zu präsentieren.

AKTUALISIERUNG UND PFLEGE DER HIGHLIGHTS:

Es ist wichtig, deine Story-Highlights regelmäßig zu aktualisieren und zu pflegen. Lösche veraltete oder nicht mehr relevante Highlights und füge neue Inhalte hinzu, um deine Follower stets mit frischen und interessanten Informationen zu versorgen. Dies zeigt auch, dass du aktiv auf Instagram bist und dich um dein Profil kümmerst.

PROMOTION VON STORY-HIGHLIGHTS:

Um sicherzustellen, dass deine Follower deine Story-Highlights bemerken, kannst du sie aktiv promoten. Erwähne in deinen normalen Instagram Stories, dass du Highlights auf deinem Profil hast, die sich lohnen, anzusehen. Du kannst auch Call-to-Action-Buttons oder Swipe-Up-Links verwenden, um deine Follower direkt zu deinen Highlights zu führen.

Die Nutzung von Instagram Story-Highlights ermöglicht es dir, wichtige Inhalte auf deinem Profil hervorzuheben und deine Follower länger zu engagieren. Indem du deine Highlights sorgfältig auswählst und pflegst, kannst du ein ansprechendes und informatives Profil erstellen, das deine Marke oder Persönlichkeit repräsentiert.

4.6 DIE INTERAKTION MIT DEINER COMMUNITY:

Die Interaktion mit deiner Community ist ein wichtiger Teil des Storytellings auf Instagram. Wir werden über das Engagement mit deinen Followern sprechen, wie das Beantworten von Kommentaren, das Liken und Kommentieren von anderen Beiträgen sowie das Teilen von Stories und das Erwähnen anderer Nutzer. Eine aktive Community-Interaktion kann deine Geschichte verstärken und zu einer engagierten und loyalen Follower-Basis führen.

REAKTION AUF KOMMENTARE:

Eine der grundlegendsten Formen der Interaktion ist das Reagieren auf Kommentare unter deinen Fotos. Nimm dir Zeit, um auf Kommentare zu antworten, Fragen zu beantworten und Feedback von deinen Followern anzunehmen. Zeige Wertschätzung für ihre Unterstützung und baue eine persönliche Verbindung auf. Dies schafft Vertrauen und zeigt, dass du dich um deine Community kümmert.

LIKES UND KOMMENTARE:

Gib deiner Community etwas zurück, indem du ihre Fotos ansiehst, Likes vergibst und sinnvolle Kommentare hinterlässt. Dies zeigt, dass du dich für ihre Inhalte interessierst und bereit bist, dich aktiv einzubringen. Achte darauf, authentisch und ehrlich zu sein, und vermeide oberflächliche Kommentare. Zeige echtes Interesse an den Fotos und Geschichten deiner Follower.

GEMEINSCHAFTLICHE AKTIVITÄTEN:

Organisiere gemeinschaftliche Aktivitäten, um die Interaktion mit deiner Community zu fördern. Das können beispielsweise Gewinnspiele, Herausforderungen oder Fotowettbewerbe sein, bei denen deine Follower teilnehmen können. Dies schafft nicht nur Spaß und Spannung, sondern ermöglicht es auch deiner Community, sich gegenseitig kennenzulernen und zu vernetzen.

STORY-INTERAKTION:

Nutze die Story-Funktion auf Instagram, um direkter mit deiner Community zu interagieren. Stelle Fragen, starte Umfragen oder biete exklusive Einblicke hinter die Kulissen an. Nutze auch die Funktionen wie Fragen-Sticker oder Quiz-Sticker, um das Engagement deiner Follower zu steigern und ihre Meinungen einzubeziehen. Sei aktiv in deinen Stories und gehe auf die Antworten und Reaktionen ein.

NUTZER GENERIERTEN INHALT (UGC):

Ermutige deine Follower, Inhalte mit deinem Markenhashtag zu erstellen und zu teilen. Nutzer generierter Inhalt kann eine starke Form der Interaktion sein, da er deine Community einbindet und deine Marke organisch weiterverbreitet. Teile regelmäßig UGC in deinen Beiträgen oder Stories und erwähne den Urheber des Inhalts. Dadurch fühlen sich deine Follower geschätzt und ermutigt, weiterhin mit deiner Marke zu interagieren.

DIREKTE NACHRICHTEN:

Nutze die Möglichkeit, direkte Nachrichten (DMs) auf Instagram zu senden und zu empfangen. Dies ermöglicht eine persönlichere und private Kommunikation mit deiner Community. Beantworte DMs zeitnah und professionell und zeige, dass du für Fragen, Anliegen oder Feedback offen bist. Nutze DMs auch, um individuelle Gespräche zu führen oder mit Influencern oder Kooperationspartnern in Kontakt zu treten.

Die Interaktion mit deiner Community auf Instagram ist entscheidend, um eine engagierte und treue Anhängerschaft aufzubauen. Durch das Reagieren auf Kommentare, Likes und Kommentare, das Organisieren gemeinschaftlicher Aktivitäten, das Nutzen von Story-Interaktionen, das Teilen von Nutzer generiertem Inhalt und das Nutzen von direkten Nachrichten kannst du deine Bindung zu deiner Community stärken und langfristige Beziehungen aufbauen.

Schlusswort:

Das Erzählen von Geschichten durch Instagram-Fotos ist eine kreative Möglichkeit, deine visuelle Ästhetik mit einer bedeutungsvollen Erzählung zu kombinieren. Indem du Themen und Konzepte wählst, eine sorgfältige Bildreihenfolge festlegst, aussagekräftige Bildunterschriften verwendest und Instagram Story-Highlights geschickt einsetzt, kannst du eine fesselnde und zusammenhängende Geschichte auf Instagram erschaffen. Im nächsten Kapitel werden wir über fortgeschrittene Techniken und Tipps sprechen, um deine Instagram-Fotografie auf das nächste Level zu bringen.

KAPITEL 5: PFLEGE DEINER FOTOGRAFISCHEN FÄHIGKEITEN UND PERSÖNLICHEN ENTWICKLUNG

Einleitung:

In diesem Kapitel werden wir über die kontinuierliche Pflege deiner fotografischen Fähigkeiten und deine persönliche Entwicklung als Fotograf auf Instagram sprechen. Wir werden über die Bedeutung von Inspiration, Weiterbildung, Feedback, Experimentieren und die Entwicklung eines individuellen Stils sprechen.

5.1 SUCHE NACH INSPIRATION:

Die Suche nach Inspiration ist entscheidend, um deine kreativen Fähigkeiten zu erweitern und neue Ideen zu entwickeln. Wir werden über verschiedene Quellen der Inspiration sprechen, wie zum Beispiel andere Instagram-Accounts, Fotobücher, Kunstausstellungen und die Natur. Du wirst lernen, wie du Inspiration gezielt suchst und sie in deine eigenen Fotos einfließen lässt.

ERKUNDE ANDERE INSTAGRAM-PROFILE:

Nimm dir Zeit, um andere Instagram-Profile zu erkunden, die ähnliche Interessen oder Themen wie deine haben. Suche nach Influencern, Fotografen oder Künstlern, die dich inspirieren und von deren Arbeit du lernen kannst. Schau dir ihre Fotos an, analysiere ihre Komposition, den Einsatz von Farben, Licht und Schatten sowie ihre Bildbearbeitungstechniken. Lass dich von ihrem Stil und ihrer Kreativität inspirieren, aber achte darauf, deine eigene Persönlichkeit und Einzigartigkeit beizubehalten.

NUTZE HASHTAGSUCHE:

Verwende Hashtags, um nach spezifischen Themen oder Stilen zu suchen, die dich interessieren. Gib relevante Hashtags in die Instagram-Suchleiste ein und sieh dir die Ergebnisse an. Du wirst viele Fotos entdecken, die dich inspirieren und neue Ideen für deine eigenen Aufnahmen liefern können. Achte darauf, verschiedene Hashtags auszuprobieren und auch nach Trending-Hashtags zu suchen, um aktuelle Inspirationen zu erhalten.

SCHAU ÜBER INSTAGRAM HINAUS:

Inspiration kann auch außerhalb von Instagram gefunden werden. Suche nach Fotografiebüchern, Magazinen, Ausstellungen oder Online-Portfolios renommierter Fotografen. Schau dir auch Filme, Dokumentationen oder TV-Serien an, die visuell beeindruckende Szenen enthalten. Die Welt um uns herum bietet unendliche Inspiration, sei es die Natur, Architektur, Street Art oder Menschen. Achte auf interessante Perspektiven, Farbkombinationen oder

Lichtsituationen, die du in deinen eigenen Fotos umsetzen kannst.

EXPERIMENTIERE MIT VERSCHIEDENEN STILEN UND TECHNIKEN:

Lass dich nicht nur von einer bestimmten Art von Fotos inspirieren. Probiere verschiedene Stile und Techniken aus, um deine fotografischen Fähigkeiten zu erweitern. Experimentiere mit Schwarz-Weiß-Fotografie, Langzeitbelichtung, Makroaufnahmen, Minimalismus oder abstrakter Fotografie. Durch das Ausprobieren neuer Ansätze kannst du neue kreative Wege entdecken und deinen eigenen Stil weiterentwickeln.

TRETE EINER COMMUNITY BEI:

Es gibt zahlreiche Online-Communities und Foren, in denen sich Fotografen und Kreative austauschen und ihre Arbeiten präsentieren können. Tritt einer solchen Community bei, um Feedback zu erhalten, dich mit Gleichgesinnten zu vernetzen und dich inspirieren zu lassen. Teile deine Fotos, lass dich von anderen Mitgliedern inspirieren und beteilige dich an Diskussionen und Herausforderungen. Der Austausch mit anderen kann neue Perspektiven und Ideen bieten.

HALTE DEINE AUGEN OFFEN:

Inspiration kann überall lauern, also halte deine Augen offen für interessante Motive, ungewöhnliche Szenen oder faszinierende Details im Alltag. Sei neugierig und aufmerksam für deine Umgebung. Fotografiere im Freien, erkunde neue Orte und sei bereit, spontane Momente festzuhalten. Inspiration kann aus den einfachsten Dingen entstehen, du musst nur bereit sein, sie wahrzunehmen.

Die Suche nach Inspiration ist ein fortlaufender Prozess. Bleibe offen für neue Einflüsse, experimentiere und entwickle deinen eigenen Stil weiter. Indem du regelmäßig nach Inspiration suchst, kannst du kontinuierlich deine fotografischen Fähigkeiten verbessern und einzigartige Instagram-Fotos kreieren.

5.2 WEITERBILDUNG UND LERNEN:

Die Fotografie ist ein stetiger Lernprozess, der nie endet. Wir werden über die Bedeutung der Weiterbildung sprechen, sei es durch Workshops, Online-Kurse, Bücher oder den Austausch mit anderen Fotografen. Du wirst lernen, wie du deine Fähigkeiten und Kenntnisse kontinuierlich ausbaust, um deine fotografische Entwicklung voranzutreiben.

BEDEUTUNG VON WEITERBILDUNG:

Weiterbildung ist ein fortlaufender Prozess, der es dir ermöglicht, deine fotografischen Fähigkeiten kontinuierlich zu verbessern. Durch die Erweiterung deines Wissens und das Erlernen neuer Techniken kannst du deine Kreativität erweitern und neue Wege entdecken, um beeindruckende Fotos auf Instagram zu präsentieren.

BLEIBE AUF DEM LAUFENDEN:

Die Fotografie entwickelt sich ständig weiter, sei es durch neue Kameratechnologien, Bearbeitungssoftware oder aktuelle Trends. Indem du dich regelmäßig über neue Entwicklungen informierst und auf dem Laufenden bleibst, kannst du sicherstellen, dass du mit den neuesten Tools und

Techniken vertraut bist und deine Fotos auf dem aktuellen Stand sind.

ONLINE-RESSOURCEN NUTZEN:

Das Internet bietet eine Fülle von Ressourcen, die dir helfen können, deine fotografischen Fähigkeiten zu verbessern. Nutze Online-Tutorials, Videokurse, Webinare und Blogs, um neue Techniken zu erlernen, Inspiration zu finden und von erfahrenen Fotografen zu lernen. Plattformen wie YouTube, Instagram selbst und spezialisierte Fotografie-Websites bieten eine Vielzahl von kostenlosen und kostenpflichtigen Lernmaterialien.

WORKSHOPS UND KURSE BESUCHEN:

Neben Online-Ressourcen können auch Workshops, Kurse und Fotografie-Seminare eine hervorragende Möglichkeit sein, dein Wissen und deine Fähigkeiten zu erweitern. Diese Veranstaltungen bieten oft praktische Erfahrungen, Feedback von Experten und die Möglichkeit, sich mit anderen Fotografen auszutauschen. Suche nach lokalen Fotografiegruppen oder Veranstaltungen in deiner Nähe oder beteilige dich an virtuellen Workshops.

EXPERIMENTIERE UND ÜBE:

Lernen bedeutet auch, neue Techniken und Ideen auszuprobieren und sie in der Praxis anzuwenden. Sei experimentierfreudig und nutze Instagram als Plattform, um verschiedene fotografische Stile und Konzepte zu erkunden. Übe regelmäßig, indem du Fotos machst und sie bearbeitest. Durch das praktische Anwenden des Gelernten kannst du deine Fertigkeiten verbessern und deinen eigenen Stil entwickeln.

FEEDBACK EINHOLEN:

Um dein Wachstum zu fördern, ist es wichtig, Feedback zu erhalten. Teile deine Fotos in Fotografie-Communities, Foren oder speziellen Feedback-Gruppen und bitte um konstruktive Kritik. Indem du das Feedback anderer Fotografen annimmst und daraus lernst, kannst du Schwachstellen identifizieren und gezielt an ihnen arbeiten.

ANALYSIERE ERFOLGREICHE FOTOGRAFEN:

Nimm dir Zeit, um die Arbeiten erfolgreicher Fotografen auf Instagram und anderen Plattformen zu analysieren. Betrachte ihre Komposition, ihren Einsatz von Licht, Farben und anderen Elementen. Identifiziere, was ihre Fotos besonders ansprechend macht und lerne daraus. Lass dich inspirieren, aber entwickle gleichzeitig deinen eigenen Stil und deine eigene kreative Vision.

Zusammenfassend lässt sich sagen, dass kontinuierliches Lernen und Weiterbildung von entscheidender Bedeutung sind, um deine fotografischen Fähigkeiten auf Instagram zu verbessern. Nutze eine Vielzahl von Ressourcen, sei experimentierfreudig, suche nach Feedback und lass dich von erfolgreichen Fotografen inspirieren. Durch diesen Prozess kannst du deine eigene fotografische Reise vorantreiben und qualitativ hochwertige Fotos präsentieren, die die Aufmerksamkeit der Instagram-Community auf sich ziehen.

5.3 FEEDBACK UND KRITIK:

Das Einholen von Feedback und konstruktiver Kritik ist ein wichtiger Teil der persönlichen Entwicklung. Wir werden darüber sprechen, wie du Feedback von anderen Fotografen, Freunden oder deiner Instagram-Community einholst und wie du es effektiv nutzt, um deine Fähigkeiten zu verbessern. Du wirst lernen, wie du Kritik annehmen und daraus wachsen kannst.

BEDEUTUNG VON FEEDBACK:

Feedback ist eine Rückmeldung oder Bewertung, die du zu deinen Instagram-Fotos erhältst. Es kann positiv, konstruktiv oder auch negativ sein. Feedback bietet dir wertvolle Einblicke in die Wahrnehmung deiner Fotos durch andere und kann dir dabei helfen, Stärken und Schwächen zu erkennen.

KONSTRUKTIVE KRITIK:

Konstruktive Kritik ist Feedback, das darauf abzielt, Verbesserungsmöglichkeiten aufzuzeigen. Es ist wichtig, konstruktive Kritik offen anzunehmen und als Chance zur Weiterentwicklung zu betrachten. Konstruktive Kritik kann dir helfen, technische oder kreative Aspekte deiner Fotos zu verbessern und neue Perspektiven zu erhalten.

POSITIVES FEEDBACK:

Positives Feedback ist ebenso wichtig wie konstruktive Kritik. Es bestärkt dich in deinem fotografischen Stil, erkennt deine Stärken an und motiviert dich weiterzumachen. Positives Feedback kann auch zeigen, welche Aspekte deiner Fotos besonders gut bei deinem Publikum ankommen und welche Elemente du beibehalten solltest.

QUELLEN FÜR FEEDBACK:

Es gibt verschiedene Möglichkeiten, Feedback für deine Instagram-Fotos zu erhalten. Du kannst deine Follower um direktes Feedback bitten, beispielsweise indem du in der Bildunterschrift eine Frage stellst oder gezielt nach Meinungen fragst. Du kannst auch an Fotowettbewerben teilnehmen, in denen erfahrene Fotografen oder eine Jury Feedback geben. Darüber hinaus kannst du dich auch in Fotografie-Communities oder Foren engagieren, um von anderen Fotografen Feedback zu erhalten.

UMGANG MIT FEEDBACK:

Es ist wichtig, Feedback aufgeschlossen und respektvoll anzunehmen. Betrachte Feedback nicht als persönlichen Angriff, sondern als Chance zur Verbesserung. Versuche, konstruktives Feedback anzunehmen und darauf zu reagieren, indem du die vorgeschlagenen Verbesserungen umsetzt. Zeige Dankbarkeit für positives Feedback und nutze es als Motivation für deine weitere Arbeit.

SELBSTEVALUIERUNG:

Neben dem Feedback anderer ist es auch wichtig, dass du selbstkritisch deine eigenen Fotos betrachtest und evaluierst. Analysiere deine Fotos objektiv und erkenne Stärken sowie Verbesserungspotenzial. Reflektiere über deine eigene fotografische Entwicklung und setze dir Ziele, um kontinuierlich besser zu werden.

Feedback und Kritik sind wertvolle Werkzeuge, um deine fotografischen Fähigkeiten und deinen Stil auf Instagram zu verbessern. Nutze sie als Chance zur Weiterentwicklung und sei offen für neue Perspektiven. Durch Feedback kannst du deine Fotos optimieren, deine Followerbindung stärken und ein breiteres Publikum ansprechen.

5.4 EXPERIMENTIEREN UND HERAUSFORDERUNGEN ANNEHMEN:

Das Experimentieren mit neuen Techniken, Stilen und Motiven ist entscheidend, um dich als Fotograf weiterzuentwickeln. Wir werden über die Bedeutung des Experimentierens sprechen und wie du dich selbst herausforderst, aus deiner Komfortzone auszubrechen. Du wirst lernen, wie du neue Ansätze ausprobierst und deine fotografische Kreativität entfesselst.

ERWEITERUNG DES KREATIVEN HORIZONTS:

Das Experimentieren eröffnet neue Möglichkeiten und erweitert deinen kreativen Horizont. Indem du dich aus deiner Komfortzone herauswagst und neue Ansätze, Techniken oder Stile ausprobierst, kannst du deinen fotografischen Stil erweitern und dich als Künstler weiterentwickeln. Das Experimentieren hilft dir dabei, neue Wege zu finden, um deine Fotos einzigartig und interessant zu gestalten.

ENTDECKUNG DEINER STÄRKEN UND SCHWÄCHEN:

Das Experimentieren ermöglicht es dir, deine Stärken und Schwächen als Fotograf zu erkennen. Indem du verschiedene Techniken oder Stile ausprobierst, findest du heraus, welche Bereiche dir leichtfallen und in welchen du dich noch verbessern kannst. Diese Selbsterkenntnis ist entscheidend, um gezielt an deinen Schwächen zu arbeiten und deine Stärken weiter zu stärken.

ERFORSCHUNG NEUER IDEEN UND KONZEPTE:

Das Experimentieren ermutigt dich, neue Ideen und Konzepte zu erforschen. Du kannst verschiedene Themen, Bildkompositionen, Lichtsetzungen oder Bildbearbeitungstechniken ausprobieren, um deinen Fotos eine neue Dimension zu verleihen. Indem du dich auf Experimente einlässt, entwickelst du deine kreativen Fähigkeiten und bringst frischen Wind in deine Fotografie.

ÜBERWINDUNG VON HERAUSFORDERUNGEN:

Das Annehmen von Herausforderungen in der Fotografie hilft dir, deine Fähigkeiten zu verbessern und neue Grenzen zu überschreiten. Es kann beängstigend sein, sich schwierigen fotografischen Situationen oder ungewohnten Themen zu stellen, aber dies bietet dir die Möglichkeit, über dich selbst hinauszuwachsen und deine Komfortzone zu erweitern. Indem du Herausforderungen annimmst, gewinnst du an Erfahrung und Selbstvertrauen in deinen fotografischen Fähigkeiten.

LERNEN AUS FEHLERN UND ERFAHRUNGEN:

Das Experimentieren und das Annehmen von Herausforderungen bringen oft Fehler und Rückschläge mit sich. Doch gerade aus diesen Erfahrungen kannst du viel lernen. Betrachte Fehler nicht als Misserfolg, sondern als Möglichkeit, zu wachsen und dich weiterzuentwickeln. Analysiere, was schiefgelaufen ist, und nutze diese Erkenntnisse, um deine zukünftige Arbeit zu verbessern.

GEMEINSCHAFT UND AUSTAUSCH:

Die Instagram-Community bietet eine großartige Plattform, um sich mit anderen Fotografen auszutauschen und voneinander zu lernen. Teile deine Experimente und Herausforderungen mit anderen, erhalte Feedback und lass dich von deren Erfahrungen inspirieren. Der Austausch mit Gleichgesinnten kann dir neue Perspektiven eröffnen und dich ermutigen, weiterhin mutig zu experimentieren.

Insgesamt sind Experimente und das Annehmen von Herausforderungen essentiell, um sich als Instagram-Fotograf weiterzuentwickeln. Sei offen für neue Ideen, wäge Risiken ab und trau dich, deine Komfortzone zu verlassen. Nur durch das Experimentieren und das Überwinden von Herausforderungen kannst du deine Fähigkeiten verbessern, deine kreative Stimme finden und dich in der Instagram-Gemeinschaft auszeichnen.

5.5 ENTWICKLUNG EINES INDIVIDUELLEN STILS:

Die Entwicklung eines individuellen Stils ist ein wichtiger Schritt, um dich als Fotograf zu etablieren und dich von anderen abzuheben. Wir werden über die Bedeutung der Selbstreflexion sprechen, um deine Vorlieben, Interessen und ästhetischen Präferenzen zu entdecken. Du wirst lernen, wie du deinen eigenen fotografischen Stil entwickelst und deine Persönlichkeit in deine Fotos einbringst.

SELBSTREFLEXION UND INSPIRATION:

Beginne damit, dich selbst und deine fotografischen Vorlieben zu reflektieren. Frage dich, welche Art von Fotografie dich am meisten anspricht und welche Art von Bildern du gerne aufnehmen möchtest. Sammle Inspiration, indem du Fotobücher, Zeitschriften, Online-Galerien und die Werke anderer Fotografen durchstöberst. Notiere dir die Elemente, die dich besonders faszinieren und inspirieren.

IDENTIFIZIERE DEINE STÄRKEN UND INTERESSEN:

Analysiere deine bisherigen Arbeiten und identifiziere die Bereiche, in denen du dich besonders gut fühlst und erfolgreich bist. Finde heraus, welche Themen, Motive oder Stile dich am meisten interessieren und in denen du deine Kreativität am besten ausdrücken kannst. Dies können Landschaften, Porträts, Streetfotografie, Architektur oder andere Bereiche sein.

EXPERIMENTIERE MIT VERSCHIEDENEN TECHNIKEN UND STILEN:

Es ist wichtig, verschiedene Techniken und Stile auszuprobieren, um deinen eigenen individuellen Stil zu entwickeln. Experimentiere mit unterschiedlichen Kameraeinstellungen, Belichtungen, Kompositionstechniken, Lichtführung und Bildbearbeitung. Spiele mit Farben, Kontrasten, Texturen und Effekten, um herauszufinden, was am besten zu deiner künstlerischen Vision passt.

KONSISTENZ IN DEINEN ARBEITEN:

Ein wichtiger Aspekt bei der Entwicklung eines individuellen Stils ist die Konsistenz. Strebe danach, eine gewisse Einheitlichkeit in deinen Fotos zu erreichen, sei es in der Bildkomposition, der Farbgebung, der Stimmung oder dem Thema. Dies hilft dabei, eine erkennbare Signatur zu entwickeln und deine fotografische Identität zu stärken.

ENTDECKE DEINE PERSÖNLICHE GESCHICHTE:

Fotografie ist auch eine Möglichkeit, deine persönliche Geschichte zu erzählen und deine einzigartigen Erfahrungen und Perspektiven einzubringen. Überlege, welche Geschichten du erzählen möchtest und wie du sie visuell darstellen kannst. Betrachte deine Fotografie als eine Form der Selbstexpression und finde Wege, um deine Stimme und deine Botschaft durch deine Bilder zu vermitteln.

KONTINUIERLICHES LERNEN UND WEITERENTWICKLUNG:

Die Entwicklung eines individuellen Stils ist ein fortlaufender Prozess. Es ist wichtig, kontinuierlich zu lernen, sich weiterzuentwickeln und neue Techniken zu entdecken. Besuche Workshops, lerne von anderen Fotografen, experimentiere mit neuen Ausrüstungen und bleibe neugierig. Indem du dich ständig weiterentwickelst, kannst du deinen individuellen Stil verfeinern und neue kreative Wege finden.

SEI AUTHENTISCH UND EINZIGARTIG:

Letztendlich geht es bei der Entwicklung eines individuellen Stils darum, authentisch zu sein und deine einzigartige Persönlichkeit in deine Fotografie einzubringen. Lasse dich nicht zu sehr von Trends oder dem, was andere tun, beeinflussen. Finde deinen eigenen Weg, deine Vision und deine Leidenschaften zum Ausdruck zu bringen. Sei mutig, sei kreativ und bleibe dir selbst treu.

Die Entwicklung eines individuellen Stils erfordert Zeit, Geduld und Hingabe. Es ist ein kontinuierlicher Prozess der Selbsterforschung und des kreativen Wachstums. Sei bereit, dich herauszufordern, aus deiner Komfortzone herauszutreten und deinen eigenen einzigartigen Weg in der Fotografie zu finden.

Schlusswort:

Die kontinuierliche Pflege deiner fotografischen Fähigkeiten und persönlichen Entwicklung sind entscheidend, um auf Instagram erfolgreich zu sein. Suche nach Inspiration, bilde dich weiter, hol dir Feedback, experimentiere und entwickle deinen individuellen Stil. Bleibe neugierig, offen und leidenschaftlich, und du wirst sehen, wie sich deine fotografischen Fähigkeiten auf Instagram stetig verbessern.

KAPITEL 6: DER ETHISCHE UMGANG MIT INSTAGRAM-FOTOS

Einleitung:

In diesem Kapitel werden wir über den ethischen Umgang mit Instagram-Fotos sprechen. Wir werden über Themen wie Urheberrecht, Bildrechte, Privatsphäre, Bildmanipulation und den respektvollen Umgang mit anderen Fotografen und Nutzern auf Instagram sprechen.
(Dieses Kapitel ersetzt keine Rechtsberatung)

6.1 URHEBERRECHT UND BILDRECHTE:

Das Urheberrecht schützt die Rechte des Fotografen an seinen Bildern. Wir werden über die Bedeutung des Urheberrechts sprechen und wie du sicherstellen kannst, dass du keine urheberrechtlich geschützten Bilder ohne Erlaubnis verwendest. Du wirst lernen, wie du deine eigenen Bilder schützt und welche Schritte du unternehmen kannst, wenn deine Bilder ohne deine Zustimmung verwendet werden.

URHEBERRECHT:

Das Urheberrecht schützt das geistige Eigentum einer Person, einschließlich kreativer Werke wie Fotos. Wenn du ein Foto erstellst, bist du automatisch der Urheber und besitzt das Urheberrecht an diesem Werk. Das bedeutet, dass du das alleinige Recht hast, das Foto zu reproduzieren, zu verteilen, öffentlich zu zeigen und abgeleitete Werke davon zu erstellen.

NUTZUNGSRECHTE:

Als Urheber kannst du anderen Personen bestimmte Nutzungsrechte an deinen Fotos einräumen. Das kann beispielsweise die Erlaubnis zur Veröffentlichung, zur Verbreitung oder zur kommerziellen Nutzung deiner Fotos beinhalten. Diese Nutzungsrechte können in Form von Lizenzen oder Vereinbarungen festgehalten werden.

EINHOLEN VON ERLAUBNIS:

Bevor du das Foto einer anderen Person auf Instagram veröffentlichst, solltest du sicherstellen, dass du die Erlaubnis des Urhebers hast. Das gilt insbesondere dann, wenn das Foto urheberrechtlich geschützt ist. Das bedeutet, dass du keine Fotos einfach herunterladen und ohne Genehmigung verwenden darfst.

EIGENE FOTOS UND EINVERSTÄNDNISERKLÄRUNGEN:

Wenn du deine eigenen Fotos auf Instagram veröffentlichst, hast du automatisch das Urheberrecht. Du kannst selbst entscheiden, wie du deine Fotos nutzen möchtest. Beachte jedoch, dass auf deinen Fotos möglicherweise Personen zu erkennen sind. In solchen Fällen ist es ratsam, das Einverständnis der abgebildeten Personen einzuholen, insbesondere wenn es sich um sensible oder private Situationen handelt.

VERWENDUNG VON STOCKFOTOS:

Stockfotos sind Bilder, die von Fotografen erstellt und über spezielle Plattformen oder Agenturen lizenziert werden können. Bevor du ein Stockfoto auf Instagram verwendest, musst du sicherstellen, dass du die entsprechende Lizenz erworben hast. Die Lizenzbestimmungen können je nach Anbieter variieren, daher ist es wichtig, diese sorgfältig zu prüfen und einzuhalten.

URHEBERRECHTSVERLETZUNGEN:

Das unerlaubte Verwenden von urheberrechtlich geschützten Fotos auf Instagram kann zu rechtlichen Konsequenzen führen. Wenn du gegen das Urheberrecht verstößt, indem du Fotos ohne Genehmigung verwendest, könnten rechtliche Schritte wie Abmahnungen, Schadensersatzforderungen oder gerichtliche Verfahren eingeleitet werden. Daher ist es wichtig, immer die erforderlichen Rechte und Erlaubnisse einzuholen.

ATTRIBUTION UND MARKIERUNGEN:

Wenn du Fotos anderer Personen auf Instagram teilst und die Erlaubnis dazu hast, solltest du die Urheber angemessen attribuieren. Das bedeutet, dass du den Urheber nennst und gegebenenfalls auf seinen Instagram-Account verweist. In einigen Fällen kann es auch erforderlich sein, Personen auf dem Foto zu markieren, wenn sie darauf erkennbar sind.

Es ist ratsam, sich mit den geltenden Urheberrechtsbestimmungen in deinem Land vertraut zu machen und sich an die rechtlichen Anforderungen zu halten. Dadurch kannst du sicherstellen, dass du die

Urheberrechte anderer respektierst und selbst keine rechtlichen Probleme erlebst.

6.2 RESPEKT DER PRIVATSPHÄRE:

Die Privatsphäre ist ein wichtiger Aspekt in der Fotografie. Wir werden darüber sprechen, wie du die Privatsphäre anderer respektierst und keine Fotos von Personen ohne ihre Zustimmung veröffentlichst. Du wirst lernen, wie du den Unterschied zwischen öffentlichen und privaten Orten erkennst und wie du sensibel mit sensiblen Themen umgehst.

BEDEUTUNG DER PRIVATSPHÄRE:

Die Privatsphäre bezieht sich auf das Recht einer Person, selbst zu entscheiden, welche Informationen über sie selbst offenbart werden und wer Zugang zu diesen Informationen hat. In der digitalen Welt gewinnt die Privatsphäre zunehmend an Bedeutung, da viele persönliche Daten online geteilt werden. Der Schutz der Privatsphäre ist wichtig, um die individuelle Freiheit, die Sicherheit und das Vertrauen der Menschen zu wahren.

PRIVATSPHÄREEINSTELLUNGEN AUF INSTAGRAM:

Instagram bietet verschiedene Privatsphäreeinstellungen, die es Nutzern ermöglichen, die Sichtbarkeit ihrer Fotos und Informationen zu kontrollieren. Dazu gehören beispielsweise das Einstellen des Profils auf "Privat", sodass nur bestätigte Follower die Fotos sehen können, oder das Einschränken der Sichtbarkeit von bestimmten Inhalten für bestimmte Nutzergruppen.

Es ist ratsam, die Privatsphäreeinstellungen sorgfältig zu überprüfen und anzupassen, um sicherzustellen, dass deine Fotos nur von Personen gesehen werden, denen du dies erlaubst. Auf diese Weise kannst du die Kontrolle über deine Privatsphäre behalten und unerwünschte Zugriffe oder Missbrauch verhindern.

RESPEKT VOR ANDEREN PERSONEN:

Beim Hochladen von Fotos auf Instagram ist es wichtig, den Respekt vor anderen Personen und ihrer Privatsphäre zu wahren. Stelle sicher, dass du die Zustimmung der abgebildeten Personen hast, bevor du Fotos von ihnen veröffentlichst. Respektiere ihre Wünsche und Privatsphäre, insbesondere wenn es um sensible oder private Informationen geht.

Wenn du Fotos von öffentlichen Orten oder Veranstaltungen hochlädst, solltest du dennoch sensibel sein und Rücksicht auf die Privatsphäre anderer Personen nehmen, die möglicherweise unbeabsichtigt auf deinen Fotos zu sehen sind.

VERMEIDUNG SENSIBLER INFORMATIONEN:

Achte darauf, keine sensiblen persönlichen Informationen in den Bildunterschriften oder Kommentaren zu deinen Fotos preiszugeben. Dazu gehören beispielsweise deine genaue Wohnadresse, Telefonnummern, finanzielle Informationen oder andere persönliche Daten, die potenziell missbraucht werden könnten. Denke daran, dass deine Fotos öffentlich sichtbar sein können und von einer breiten Öffentlichkeit gesehen werden können.

VERANTWORTUNGSVOLLE MARKIERUNGEN UND ERWÄHNUNGEN:

Wenn du andere Personen auf deinen Fotos markierst oder erwähnst, solltest du sicherstellen, dass sie damit einverstanden sind und keine Probleme mit der öffentlichen Sichtbarkeit haben. Respektiere ihre Privatsphäre und befolge ihre Wünsche, wenn es darum geht, in deinen Fotos markiert oder erwähnt zu werden.

RESPEKTVOLLE KOMMUNIKATION UND INTERAKTION:

Ein weiterer Aspekt des Respekts der Privatsphäre betrifft die Art und Weise, wie du mit anderen Instagram-Nutzern kommunizierst und interagierst. Sei respektvoll und achte darauf, dass du keine persönlichen oder beleidigenden Kommentare hinterlässt. Respektiere die Privatsphäre anderer, indem du keine persönlichen Informationen oder sensible Themen öffentlich diskutierst.

Indem du den Respekt der Privatsphäre als wichtigen Aspekt deiner Instagram-Nutzung betrachtest, kannst du ein verantwortungsbewusster Nutzer sein und eine positive und sichere Umgebung für dich und andere schaffen. Respektiere die Privatsphäre anderer, achte auf deine eigenen Privatsphäreeinstellungen und handle verantwortungsbewusst bei der Veröffentlichung von Fotos und der Interaktion mit anderen Nutzern.

6.3 BILDMANIPULATION UND AUTHENTIZITÄT:

Die Manipulation von Bildern ist auf Instagram weit verbreitet. Wir werden über die ethische Verantwortung sprechen, authentische Bilder zu teilen und keine irreführenden oder übermäßig bearbeiteten Fotos zu veröffentlichen. Du wirst lernen, wie du deine Bilder auf eine Weise bearbeitest, die die Authentizität bewahrt und dennoch eine ästhetische Wirkung erzielt.

DEFINITION VON BILDMANIPULATION:

Bildmanipulation bezieht sich auf das Ändern, Bearbeiten oder Verbessern von Bildern mit Hilfe von Bildbearbeitungssoftware. Dies kann das Anpassen von Farben und Kontrasten, das Entfernen von Unvollkommenheiten, das Hinzufügen von Effekten oder das Kombinieren von mehreren Bildern umfassen. Bildmanipulation ermöglicht es Fotografen und Kreativen, ihre Vision zu verwirklichen und das endgültige Bild zu gestalten.

DIE VERSUCHUNG DER PERFEKTION:

In der Welt der sozialen Medien, insbesondere auf Instagram, besteht oft ein hoher Druck, perfekte und ästhetisch ansprechende Bilder zu präsentieren. Viele Nutzer streben nach makellosen Fotos, die den gängigen Schönheitsidealen entsprechen. Dies kann zu einer Überbearbeitung oder Bildmanipulation führen, um Unvollkommenheiten zu entfernen oder unrealistische Standards zu erfüllen.

AUSWIRKUNGEN AUF DIE AUTHENTIZITÄT:

Die zunehmende Verwendung von Bildmanipulation auf Instagram hat Auswirkungen auf die Authentizität von Fotos. Oftmals werden Fotos so stark bearbeitet, dass sie weit entfernt von der Realität sind. Dies kann zu einer Diskrepanz zwischen dem, was auf Instagram gezeigt wird, und der tatsächlichen Erfahrung führen. Die Betrachter können sich von unrealistischen Bildern distanziert fühlen und das Vertrauen in die Plattform und die dargestellten Inhalte beeinträchtigt werden.

DIE BEDEUTUNG VON AUTHENTIZITÄT:

Authentizität ist ein zunehmend wichtiger Wert auf Instagram. Nutzer suchen nach echten, unverfälschten und ehrlichen Inhalten. Fotos, die die Realität widerspiegeln, können eine tiefere Verbindung zu den Betrachtern herstellen und eine authentische Erfahrung bieten. Authentizität kann dazu beitragen, das Vertrauen der Follower aufzubauen und eine engagierte Community aufzubauen.

VERANTWORTUNG DER FOTOGRAFEN UND INFLUENCER:

Fotografen und Influencer haben die Verantwortung, ehrliche und transparente Inhalte zu produzieren. Es ist wichtig, den Grad der Bildmanipulation offenzulegen und deutlich zu machen, welche Änderungen an den Fotos vorgenommen wurden. Dies ermöglicht den Betrachtern, eine informierte Entscheidung darüber zu treffen, wie sie das Bild interpretieren.

DIE BALANCE FINDEN:

Es ist möglich, eine Balance zwischen Bildmanipulation und Authentizität zu finden. Es gibt verschiedene Ansätze und Philosophien, wie Fotos bearbeitet werden können. Einige Fotografen bevorzugen eine minimale Bearbeitung, um den ursprünglichen Moment einzufangen, während andere künstlerische Freiheit nutzen, um ihre kreative Vision auszudrücken. Die Schlüsselkomponente ist die Offenlegung und der Dialog über den Prozess der Bildmanipulation, um eine ehrliche Kommunikation mit den Betrachtern zu ermöglichen.

Insgesamt ist es wichtig, sich der Auswirkungen von Bildmanipulation und der Bedeutung von Authentizität auf Instagram bewusst zu sein. Durch eine verantwortungsvolle Nutzung von Bildbearbeitungswerkzeugen und die Förderung von authentischen Inhalten können Fotografen und Influencer eine engagierte und vertrauensvolle Community aufbauen.

6.4 RESPEKTVOLLER UMGANG MIT ANDEREN FOTOGRAFEN UND NUTZERN:

Ein respektvoller Umgang mit anderen Fotografen und Nutzern auf Instagram ist von großer Bedeutung. Wir werden über die Bedeutung des Gebens und Nehmens von Feedback, das Teilen von Anerkennung und das Vermeiden von negativem Verhalten sprechen. Du wirst lernen, wie du eine positive und unterstützende Community aufbaust und ein Vorbild für andere Fotografen bist.

ANERKENNUNG DER ARBEIT ANDERER:

Respekt gegenüber anderen Fotografen beinhaltet die Anerkennung ihrer Arbeit und ihrer kreativen Leistungen. Wenn du Fotos von anderen Fotografen siehst, die dir gefallen, sei offen und ehrlich in deinem Lob und kommentiere dies in angemessener Weise. Achte darauf, den Fotografen zu taggen oder zu erwähnen, um ihnen die verdiente Anerkennung zu geben.

KONSTRUKTIVE KRITIK STATT NEGATIVER KOMMENTARE:

Wenn du eine konstruktive Kritik zu einem Foto oder einer fotografischen Arbeit hast, teile dies auf eine respektvolle Weise mit. Vermeide negative und beleidigende Kommentare, die den Fotografen demotivieren könnten. Gib konkrete Feedbacks und schlage mögliche Verbesserungen vor. Bedenke dabei, dass jeder Fotograf seinen eigenen Stil und seine eigene Vision hat, und respektiere dies.

RESPEKTIERE DIE PRIVATSPHÄRE UND DIE RECHTE ANDERER:

Respektiere die Privatsphäre und die Rechte anderer Fotografen und Nutzer. Teile keine Fotos oder Inhalte, für die du keine ausdrückliche Erlaubnis hast. Achte auch darauf, dass du keine urheberrechtlich geschützten Fotos oder Inhalte ohne die entsprechenden Genehmigungen verwendest. Respektiere die kreativen Werke anderer und handle in Übereinstimmung mit den rechtlichen Bestimmungen und ethischen Grundsätzen.

VERMEIDE UNNÖTIGE KONFRONTATIONEN:

Es kann vorkommen, dass du mit anderen Fotografen oder Nutzern unterschiedliche Ansichten hast. In solchen Situationen ist es wichtig, ruhig zu bleiben und respektvoll zu kommunizieren. Vermeide unnötige Konfrontationen oder den Austausch von beleidigenden Kommentaren. Konzentriere dich stattdessen auf den Dialog und den Austausch von unterschiedlichen Perspektiven. Respektiere die Meinungen anderer, auch wenn du anderer Meinung bist.

UNTERSTÜTZE UND INSPIRIERE ANDERE FOTOGRAFEN:

Eine respektvolle Community bedeutet auch, andere Fotografen zu unterstützen und zu inspirieren. Teile dein Wissen, Erfahrungen und Tipps, um anderen zu helfen, sich weiterzuentwickeln. Sei offen für Zusammenarbeit und gegenseitige Unterstützung. Indem du andere Fotografen ermutigst und inspirierst, trägst du zur Stärkung der gesamten Community bei.

BEACHTE DIE COMMUNITY-RICHTLINIEN:

Instagram hat Community-Richtlinien, die eingehalten werden müssen, um eine positive und sichere Umgebung für alle Nutzer zu gewährleisten. Achte darauf, diese Richtlinien zu lesen und zu befolgen. Respektiere die Regeln von Instagram und vermeide Inhalte oder Verhaltensweisen, die gegen diese Richtlinien verstoßen.

Ein respektvoller Umgang mit anderen Fotografen und Nutzern auf Instagram schafft eine Atmosphäre des Vertrauens, der Unterstützung und des kreativen Austauschs. Indem du Respekt zeigst und andere Fotografen wertschätzt, förderst du nicht nur eine positive Community, sondern kannst auch selbst von den Erfahrungen und dem Feedback anderer profitieren.

6.5 VERANTWORTUNGSBEWUSSTSEIN ALS INFLUENCER:

Wenn du auf Instagram eine größere Reichweite hast und als Influencer agierst, kommt eine erhöhte Verantwortung mit deinen Handlungen einher. Wir werden über die Bedeutung des verantwortungsbewussten Verhaltens sprechen, das Vermeiden von Schleichwerbung, das Kennzeichnen von gesponserten Inhalten und das Teilen von relevantem und wertvollem Content. Du wirst lernen, wie du deine Position als Influencer verantwortungsvoll nutzt und einen positiven Einfluss auf deine Follower hast.

AUTHENTIZITÄT UND GLAUBWÜRDIGKEIT:

Als Influencer ist es von entscheidender Bedeutung, authentisch und glaubwürdig zu sein. Deine Follower vertrauen dir und sehen dich als Vorbild. Daher ist es wichtig, dass du nur Produkte und Marken bewirbst, von denen du wirklich überzeugt bist und die zu deinem persönlichen Stil und deinen Werten passen. Indem du authentisch bleibst, stärkst du das Vertrauen deiner Follower und baust eine langfristige Beziehung zu ihnen auf.

TRANSPARENZ UND OFFENHEIT:

Transparenz ist ein Schlüsselelement für verantwortungsbewusstes Influencer-Marketing. Offenlege immer, wenn es sich bei einem Beitrag um bezahlte Werbung oder eine Kooperation handelt. Halte dich an die FTC-Richtlinien (Federal Trade Commission) oder die entsprechenden Richtlinien deines Landes, um sicherzustellen, dass du die erforderlichen Offenlegungen machst. Dies hilft deinen Followern, zwischen Werbung und organischen Inhalten zu unterscheiden, und erhöht die Glaubwürdigkeit deiner Empfehlungen.

POSITIVER EINFLUSS:

Als Influencer hast du die Möglichkeit, einen positiven Einfluss auf deine Follower auszuüben. Nutze deine Plattform, um inspirierende und motivierende Botschaften zu teilen, soziale Verantwortung zu fördern und positive Veränderungen zu bewirken. Sei dir bewusst, dass deine Handlungen und Worte Auswirkungen haben können, sowohl auf deine Follower als auch auf die Gesellschaft im Allgemeinen. Handle verantwortungsbewusst und sei dir der Konsequenzen deiner Handlungen bewusst.

SENSIBLER UMGANG MIT THEMEN:

Als Influencer ist es wichtig, sensibel mit bestimmten Themen umzugehen, insbesondere mit Themen wie Rassismus, Diskriminierung, sexueller Belästigung, körperlicher Gesundheit und psychischem Wohlbefinden. Informiere dich über diese Themen, bilde dich weiter und sei vorsichtig mit den Botschaften, die du teilst. Denke daran, dass deine Worte und Handlungen eine große Reichweite haben können und dass du die Möglichkeit hast, Menschen zu beeinflussen.

VERANTWORTUNG FÜR DEN EIGENEN EINFLUSS:

Als Influencer trägst du die Verantwortung für den Einfluss, den du auf deine Follower hast. Überprüfe regelmäßig deine Inhalte, um sicherzustellen, dass sie positiv, inspirierend und informativ sind. Sei bereit, Verantwortung für mögliche Fehler oder Fehltritte zu übernehmen und lerne daraus. Deine Follower werden es zu schätzen wissen, wenn du ehrlich, reflektiert und bereit bist, dich weiterzuentwickeln.

SCHUTZ DER PRIVATSPHÄRE:

Respektiere die Privatsphäre anderer und handle verantwortungsbewusst, wenn es um persönliche Informationen geht. Denke daran, dass du als Influencer eine öffentliche Figur bist, aber dies bedeutet nicht, dass du das Recht hast, die Privatsphäre anderer zu verletzen. Sei vorsichtig bei der Veröffentlichung von persönlichen Informationen und beachte die Datenschutzbestimmungen und -richtlinien der Plattformen, auf denen du aktiv bist.

Insgesamt geht es beim Verantwortungsbewusstsein als Influencer darum, eine ethische und verantwortungsbewusste Herangehensweise an deine Tätigkeit zu haben. Indem du authentisch, transparent, positiv und sensibel bist, kannst du einen positiven Einfluss ausüben und eine starke Beziehung zu deiner Community aufbauen. Sei dir bewusst, dass du als Influencer eine Vorbildfunktion hast und dass deine Handlungen und Worte Auswirkungen haben können.

Schlusswort:

Der ethische Umgang mit Instagram-Fotos ist von großer Bedeutung, um eine respektvolle und verantwortungsvolle Online-Gemeinschaft zu schaffen. Achte auf Urheberrechte, respektiere die Privatsphäre anderer, bewahre die Authentizität deiner Bilder und handle respektvoll gegenüber anderen Fotografen und Nutzern. Indem du ethische Prinzipien in deinem Umgang mit Instagram-Fotos befolgst, kannst du eine positive und inspirierende Präsenz aufbauen und zur Weiterentwicklung der Instagram-Community beitragen.

KAPITEL 7: LANGFRISTIGER ERFOLG AUF INSTAGRAM

Einleitung:

In diesem Kapitel werden wir über langfristigen Erfolg auf Instagram sprechen. Wir werden über die Bedeutung von Engagement, Konsistenz, Zielsetzung, Analyse und Anpassung sprechen, um einen nachhaltigen und wachsenden Instagram-Account aufzubauen.

7.1 ENGAGEMENT UND INTERAKTION:

Das Engagement mit deiner Instagram-Community ist entscheidend, um eine loyale Follower-Basis aufzubauen. Wir werden über verschiedene Möglichkeiten des Engagements sprechen, wie das Beantworten von Kommentaren, das Initiieren von Gesprächen und das Eingehen auf Nachrichten. Du wirst lernen, wie du eine aktive und engagierte Community aufbaust, die mit deinen Inhalten interagiert.

BEDEUTUNG DES ENGAGEMENTS:

Engagement ist ein Maß dafür, wie gut deine Inhalte auf Instagram angenommen und mit deiner Zielgruppe interagiert werden. Ein hohes Engagement zeigt, dass deine Fotos ansprechend sind und die Menschen dazu motivieren, mit ihnen zu interagieren. Es ist nicht nur eine Kennzahl, sondern auch ein Indikator für den Erfolg deiner Instagram-Strategie.

FAKTOREN, DIE DAS ENGAGEMENT BEEINFLUSSEN:

Es gibt mehrere Faktoren, die das Engagement auf Instagram beeinflussen können. Dazu gehören die Qualität deiner Fotos, die Relevanz und Aktualität deiner Inhalte, die Verwendung von aussagekräftigen Bildunterschriften, die Verwendung von Hashtags, die Interaktion mit deiner Community und die Konsistenz deiner Aktivitäten auf Instagram. Indem du diese Faktoren berücksichtigst und optimierst, kannst du das Engagement steigern.

INTERAKTION MIT DER COMMUNITY:

Eine aktive Interaktion mit deiner Instagram-Community ist von großer Bedeutung. Dies kann durch das Beantworten von Kommentaren, das Stellen von Fragen in deinen Bildunterschriften, das Initiieren von Diskussionen, das Teilen von Geschichten und das Reagieren auf Direct Messages erfolgen. Indem du auf die Interaktionen deiner Follower eingehst, zeigst du ihnen Wertschätzung und baust eine engere Beziehung zu ihnen auf.

AUFRUF ZUM HANDELN (CALL-TO-ACTION):

Ein effektiver Weg, um das Engagement zu steigern, ist die Verwendung von Call-to-Action (CTA) in deinen Bildunterschriften. Ein CTA ermutigt deine Follower, bestimmte Aktionen auszuführen, wie z.B. das Liken des Fotos, das Hinterlassen eines Kommentars, das Teilen mit Freunden oder das Besuchen eines Links. Indem du klare und ansprechende CTAs verwendest, kannst du das Engagement und die Interaktion auf deinem Profil fördern.

COLLABORATION UND KOOPERATIONEN:

Die Zusammenarbeit mit anderen Instagram-Nutzern oder Marken kann ebenfalls zu einem höheren Engagement führen. Dies kann durch gemeinsame Foto-Challenges, Gastbeiträge, gegenseitige Markierungen oder das Teilen von Inhalten anderer Nutzer geschehen. Durch solche Kooperationen erreichst du neue Zielgruppen und kannst von der bestehenden Community anderer Nutzer profitieren.

AUSWERTUNG UND OPTIMIERUNG:

Es ist wichtig, das Engagement auf deinem Instagram-Profil regelmäßig zu analysieren und zu überwachen. Verwende dafür Instagram-Analysetools oder Plattformen von Drittanbietern, um Metriken wie Likes, Kommentare, Shares und Saves zu messen. Analysiere, welche Inhalte das meiste Engagement erhalten und optimiere deine Strategie entsprechend.

Engagement und Interaktion spielen eine entscheidende Rolle bei der erfolgreichen Nutzung von Instagram. Indem du hochwertige Inhalte bereitstellst, aktiv mit deiner Community interagierst und deine Strategie kontinuierlich optimierst, kannst du das Engagement steigern und eine aktive und treue Anhängerschaft aufbauen.

7.2 KONSISTENZ UND REGELMÄßIGKEIT:

Die Konsistenz in deinen Beiträgen ist wichtig, um das Interesse deiner Follower aufrechtzuerhalten. Wir werden über die Bedeutung eines regelmäßigen Posting-Zeitplans sprechen und wie du deine Beiträge im Voraus planen und organisieren kannst. Du wirst lernen, wie du eine konsistente Präsenz aufrechterhältst und deinen Followern hochwertigen Content lieferst.

KONSISTENZ IM VISUELLEN STIL:

Konsistenz im visuellen Stil deiner Instagram-Fotos bedeutet, dass du einen einheitlichen Look und eine einheitliche Ästhetik in deinem Feed aufrechterhältst. Dies umfasst Faktoren wie Farben, Kontraste, Filter oder Bearbeitungsstil. Wenn du einen konsistenten visuellen Stil entwickelst, schaffst du eine Wiedererkennbarkeit und stärkst deine Markenidentität. Menschen, die deine Fotos sehen, werden deine Marke oder deinen Account leichter erkennen und sich mit deinem visuellen Konzept identifizieren können.

KONSISTENZ IN DER BILDKOMPOSITION:

Die Konsistenz in der Bildkomposition bezieht sich auf die Art und Weise, wie du deine Fotos arrangierst und gestaltest. Dies kann die Positionierung von Objekten, die Wahl des Bildausschnitts, die Verwendung von Linien oder die Platzierung von Fokuspunkten umfassen. Durch eine konsistente Bildkomposition schaffst du eine visuelle Harmonie in deinem Feed und erzeugst ein angenehmes Betrachtungserlebnis für deine Follower.

KONSISTENZ IN DER BILDSPRACHE:

Die Bildsprache umfasst die Art der Inhalte, die du teilst und wie du sie präsentierst. Es kann sich um bestimmte Themen, Motive oder Stimmungen handeln, die in deinen Fotos immer wieder auftauchen. Wenn du eine konsistente Bildsprache entwickelst, schaffst du eine Erwartungshaltung bei deinen Followern und erzeugst Interesse und Engagement. Deine Follower wissen, was sie von deinem Account erwarten können und werden eher mit deinen Inhalten interagieren.

REGELMÄßIGKEIT BEI DER VERÖFFENTLICHUNG:

Regelmäßigkeit bei der Veröffentlichung deiner Instagram-Fotos ist entscheidend, um deine Reichweite und dein Engagement aufrechtzuerhalten. Wenn du unregelmäßig postest oder längere Pausen zwischen den Posts einlegst, kann dies zu einem Verlust von Followern und Interaktionen führen. Es ist wichtig, einen Posting-Plan zu erstellen und dich an eine konsistente Veröffentlichungsfrequenz zu halten. Dies kann täglich, mehrmals pro Woche oder wöchentlich sein, abhängig von deiner Zielgruppe und deinen Ressourcen.

DIE BEDEUTUNG DER VORPLANUNG:

Um Konsistenz und Regelmäßigkeit zu gewährleisten, ist es hilfreich, deine Instagram-Posts im Voraus zu planen. Du kannst Tools wie den Instagram-Planer oder externe Apps verwenden, um deine Inhalte zu organisieren und vorzubereiten. Dies ermöglicht es dir, deinen Feed im Voraus zu gestalten, den visuellen Stil und die Bildsprache beizubehalten und sicherzustellen, dass du regelmäßig postest.

DIE VORTEILE DER KONSISTENZ UND REGELMÄSSIGKEIT:

Die Aufrechterhaltung von Konsistenz und Regelmäßigkeit auf Instagram bietet verschiedene Vorteile. Erstens erhöht es die Wiedererkennbarkeit und Markenidentität deines Accounts. Menschen werden dich leichter identifizieren und sich mit deinen Inhalten verbinden. Zweitens fördert es das Engagement, da regelmäßige Posts dazu führen, dass deine Follower öfter mit deinen Inhalten interagieren. Schließlich trägt es zur Steigerung deiner Reichweite bei, da der Instagram-Algorithmus Accounts bevorzugt, die regelmäßig hochwertige Inhalte liefern.

Insgesamt sind Konsistenz und Regelmäßigkeit entscheidend, um auf Instagram erfolgreich zu sein. Indem du einen konsistenten visuellen Stil, eine konsistente Bildkomposition und eine konsistente Bildsprache pflegst und regelmäßig hochwertige Inhalte veröffentlichst, kannst du deine Präsenz stärken, das Engagement steigern und eine treue Instagram-Community aufbauen.

7.3 ZIELSETZUNG UND STRATEGIE:

Eine klare Zielsetzung und eine strategische Herangehensweise sind entscheidend, um auf Instagram langfristig erfolgreich zu sein. Wir werden über die Bedeutung der Definition von Zielen sprechen, sei es das Wachstum deiner Follower-Basis, die Steigerung des Engagements oder das Erreichen einer bestimmten Nische. Du wirst lernen, wie du deine Ziele festlegst und eine strategische Vorgehensweise entwickelst, um sie zu erreichen.

DEFINITION DER ZIELSETZUNG:

Die Zielsetzung ist der erste Schritt, um eine klare Richtung für deine Instagram-Aktivitäten festzulegen. Überlege dir, was du mit deinen Instagram-Fotos erreichen möchtest. Möchtest du deine Marke bekannter machen, dein Publikum erweitern, Verkäufe generieren oder eine Community aufbauen? Definiere deine Ziele so konkret wie möglich, um den Erfolg messen zu können.

ZIELGRUPPENDEFINITION:

Um deine Zielsetzung zu erreichen, ist es wichtig, deine Zielgruppe genau zu kennen. Analysiere, wer deine potenziellen Follower und Kunden sind, was sie interessiert und welche Art von Inhalten sie auf Instagram suchen. Je besser du deine Zielgruppe verstehst, desto effektiver kannst du Inhalte erstellen, die ihre Bedürfnisse und Interessen ansprechen.

CONTENT-STRATEGIE:

Eine Content-Strategie hilft dir dabei, konsistente und relevante Inhalte für deine Instagram-Fotos zu erstellen. Überlege dir, welche Art von Fotos du teilen möchtest und wie diese mit deiner Zielsetzung und deiner Zielgruppe in Einklang stehen. Definiere den Stil, die Themen und die Botschaften, die du durch deine Fotos vermitteln möchtest. Eine gut durchdachte Content-Strategie sorgt für eine einheitliche Markenpräsenz und zieht das richtige Publikum an.

HASHTAG-STRATEGIE:

Hashtags sind ein wichtiger Bestandteil deiner Instagram-Strategie. Überlege dir, welche Hashtags du verwenden möchtest, um deine Fotos gezielt zu kennzeichnen und die

Sichtbarkeit zu erhöhen. Finde Hashtags, die von deiner Zielgruppe verwendet werden und zu deinem Inhalt passen. Experimentiere mit verschiedenen Hashtags und beobachte, welche die besten Ergebnisse liefern. Eine durchdachte Hashtag-Strategie kann dazu beitragen, dass deine Fotos von einem breiteren Publikum entdeckt werden.

INTERAKTION UND COMMUNITY-AUFBAU:

Instagram ist eine soziale Plattform, und der Aufbau einer engagierten Community ist von großer Bedeutung. Überlege dir, wie du mit deinen Followern interagieren und eine Beziehung aufbauen kannst. Beantworte Kommentare, stelle Fragen in deinen Bildunterschriften und engagiere dich aktiv mit anderen Nutzern. Eine starke Community kann dazu beitragen, dass deine Fotos mehr Interaktionen erhalten und deine Reichweite wächst.

MESSUNG UND ANPASSUNG:

Um den Erfolg deiner Instagram-Fotos zu messen und zu optimieren, ist es wichtig, regelmäßig deine Analysen zu überprüfen. Schaue dir an, welche Fotos und Inhalte gut funktionieren, welche Hashtags am effektivsten sind und wie sich deine Follower-Zahlen entwickeln. Basierend auf diesen Erkenntnissen kannst du deine Strategie anpassen und weiter verbessern, um deine Ziele zu erreichen.

Die Zielsetzung und Strategie sind entscheidend, um auf Instagram erfolgreich zu sein. Indem du deine Ziele klar definierst, deine Zielgruppe verstehst, eine durchdachte Content- und Hashtag-Strategie entwickelst und eine engagierte Community aufbaust, kannst du deine Instagram-Fotos effektiv nutzen, um deine Ziele zu erreichen.

7.4 ANALYSE UND ANPASSUNG:

Die regelmäßige Analyse deiner Instagram-Aktivitäten ist wichtig, um den Erfolg deiner Strategie zu messen und anzupassen. Wir werden über die Nutzung von Insights und Analysetools sprechen, um wichtige Kennzahlen wie Reichweite, Engagement und Follower-Wachstum zu verfolgen. Du wirst lernen, wie du die erhaltenen Daten interpretierst und deine Strategie entsprechend anpasst, um deine Ziele zu erreichen.

FOTOANALYSE:

Die Analyse deiner Instagram-Fotos ist ein wichtiger Schritt, um zu verstehen, welche Art von Inhalten bei deinem Publikum gut ankommen. Betrachte deine Fotos kritisch und frage dich, welche davon die meisten Likes, Kommentare oder Shares erhalten haben. Identifiziere Muster und Trends, um herauszufinden, welche Art von Fotos bei deiner Zielgruppe beliebt sind. Beachte dabei Aspekte wie Motivwahl, Farben, Komposition, Filter oder Bearbeitungsstil.

ZIELGRUPPENANALYSE:

Eine genaue Kenntnis deiner Zielgruppe ist unerlässlich, um deine Fotos erfolgreich anzupassen. Nutze die Analysefunktionen von Instagram, um Informationen über das Alter, Geschlecht, den Standort und die Interessen deiner Follower zu erhalten. Diese Informationen helfen dir dabei, deine Fotos gezielt anzupassen und Inhalte zu erstellen, die auf die Bedürfnisse und Vorlieben deiner Zielgruppe zugeschnitten sind.

ANPASSUNG DES INHALTS:

Basierend auf den Ergebnissen der Foto- und Zielgruppenanalyse kannst du deinen Content anpassen. Überlege, welche Art von Fotos und Themen bei deiner Zielgruppe besonders gut ankommen, und erstelle entsprechende Inhalte. Dies kann bedeuten, dass du bestimmte Motive oder Szenen bevorzugst, einen bestimmten Stil oder eine bestimmte Farbpalette beibehältst oder bestimmte Filter oder Bearbeitungstechniken verwendest.

ANPASSUNG DER POSTING-ZEITEN:

Die Analyse deiner Instagram-Fotos kann auch Aufschluss darüber geben, zu welchen Zeiten deine Beiträge die größte Resonanz erzielen. Untersuche die Statistiken deiner Posts, um festzustellen, zu welchen Tageszeiten und an welchen Wochentagen deine Fotos die höchste Interaktionsrate haben. Passe deine Posting-Zeiten entsprechend an, um eine maximale Sichtbarkeit und Interaktion zu erzielen.

REAKTION AUF FEEDBACK:

Die Analyse deiner Instagram-Fotos kann auch Feedback in Form von Kommentaren, Direktnachrichten oder anderen Interaktionen enthalten. Gehe aktiv auf dieses Feedback ein, indem du auf Kommentare antwortest, Fragen beantwortest oder Anregungen berücksichtigst. Dies zeigt deinem Publikum, dass du auf sie hörst und ihre Meinungen schätzt. Nutze dieses Feedback auch, um Verbesserungen vorzunehmen und deine Fotos kontinuierlich anzupassen.

TESTEN UND EXPERIMENTIEREN:

Der Prozess der Analyse und Anpassung ist ein fortlaufender Prozess. Experimentiere mit verschiedenen Ansätzen, Stilen und Inhalten, um herauszufinden, was am besten funktioniert. Teste verschiedene Filter, Bearbeitungstechniken oder sogar Themen, um zu sehen, welche Fotos die höchste Resonanz erzielen. Behalte dabei immer im Hinterkopf, dass Instagram eine sich entwickelnde Plattform ist und dass sich die Vorlieben deiner Zielgruppe im Laufe der Zeit ändern können.

Die Analyse und Anpassung deiner Instagram-Fotos ist ein wichtiger Schritt, um dein Engagement zu steigern und deine Instagram-Präsenz zu verbessern. Indem du regelmäßig deine Fotos analysierst, deine Zielgruppe verstehst und deinen Content entsprechend anpasst, kannst du die Wirksamkeit deiner Fotos maximieren und ein erfolgreiches Instagram-Profil aufbauen.

7.5 LANGFRISTIGE PFLEGE UND WEITERENTWICKLUNG:

Der langfristige Erfolg auf Instagram erfordert eine kontinuierliche Pflege und Weiterentwicklung deines Accounts. Wir werden über die Bedeutung der Innovation, der Anpassung an Trends und der regelmäßigen Überprüfung deiner Strategie sprechen. Du wirst lernen, wie du deinen Account langfristig pflegst und dich kontinuierlich weiterentwickelst, um relevant und erfolgreich zu bleiben.

KONSISTENZ UND AKTUALITÄT:

Um deine Community zu engagieren und neue Follower anzuziehen, ist es wichtig, regelmäßig neue Inhalte zu veröffentlichen. Halte einen konstanten Veröffentlichungsplan ein und versuche, deine Follower mit frischen und interessanten Fotos und Geschichten zu begeistern. Aktualität ist ebenfalls wichtig, also bleibe auf dem Laufenden über aktuelle Trends und Themen, die deine Zielgruppe interessieren könnten.

INTERAKTION MIT DEINER COMMUNITY:

Eine engagierte Community erfordert Interaktion und Dialog. Nimm dir Zeit, um auf Kommentare zu antworten, Fragen zu beantworten und mit deinen Followern zu interagieren. Zeige ihnen, dass du ihre Unterstützung schätzt und dass du bereit bist, dich mit ihnen auszutauschen. Dies kann durch das Beantworten von Kommentaren, das Veröffentlichen von Story-Umfragen oder das Durchführen von Q&A-Sessions geschehen.

ANALYSIERE DEINE LEISTUNG:

Es ist wichtig, den Erfolg deines Instagram-Accounts zu messen und zu analysieren. Nutze die Insights-Funktion von Instagram, um Informationen über deine Follower, das Engagement deiner Beiträge und andere relevante Metriken zu erhalten. Analysiere, welche Art von Inhalten gut funktionieren und welche weniger erfolgreich sind. Basierend auf diesen Erkenntnissen kannst du deine Strategie optimieren und bessere Ergebnisse erzielen.

WEITERENTWICKLUNG DEINER FÄHIGKEITEN:

Instagram ist ein sich ständig weiterentwickelndes soziales Netzwerk, und es ist wichtig, dass du dich kontinuierlich weiterentwickelst und neue Fähigkeiten erwirbst. Halte dich über die neuesten Trends, Funktionen und Tools auf dem Laufenden. Lerne neue Fotografie- und Bearbeitungstechniken, um deine Inhalte zu verbessern. Setze dich mit anderen Kreativen auseinander und tausche dich aus, um von ihrer Expertise zu profitieren.

ZUSAMMENARBEIT UND NETWORKING:

Eine weitere Möglichkeit, deinen Instagram-Account langfristig zu pflegen und zu entwickeln, besteht darin, mit anderen Kreativen zusammenzuarbeiten und dein Netzwerk zu erweitern. Suche nach Möglichkeiten für Kooperationen, Gastbeiträge oder gemeinsame Projekte. Dies kann nicht nur neue Inhalte und Perspektiven bieten, sondern auch deine Reichweite erhöhen, da du Zugang zu neuen Zielgruppen erhältst.

EVALUIERUNG UND ANPASSUNG DEINER STRATEGIE:

Um langfristig erfolgreich zu sein, ist es wichtig, deine Strategie regelmäßig zu evaluieren und anzupassen. Beobachte, wie sich dein Instagram-Account entwickelt, und identifiziere Bereiche, in denen du Verbesserungen vornehmen kannst. Sei bereit, neue Ansätze auszuprobieren und zu experimentieren, um zu sehen, was für deine Community am besten funktioniert.

Die langfristige Pflege und Weiterentwicklung deines Instagram-Accounts erfordert Zeit, Engagement und die Bereitschaft, kontinuierlich zu lernen und zu verbessern. Bleibe konsequent, sei offen für Feedback und halte dich an deine Vision und Werte. Auf diese Weise kannst du eine loyale und engagierte Community aufbauen und deinen Instagram-Account erfolgreich weiterentwickeln.

Schlusswort:

Der langfristige Erfolg auf Instagram erfordert Engagement, Konsistenz, klare Zielsetzung, Analyse und Anpassung. Indem du eine aktive und engagierte Community aufbaust, deine Inhalte konsistent lieferst, strategisch vorgehst und deine Aktivitäten kontinuierlich analysierst und anpasst, kannst du einen nachhaltigen und wachsenden Instagram-Account aufbauen. Sei geduldig, bleibe motiviert und arbeite kontinuierlich an der Verbesserung deines Accounts, um langfristigen Erfolg auf Instagram zu erzielen.